스타우브 無水調理

재료의 감칠맛이 살아 있는 스타우브 레시피 83

오하시 유카 지음 | 홍미화 옮김

WILLSTYLE

스타우브로 무수조리(無水調理)를 해보셨습니까?

무수조리(無水調理)는 말 그대로 물을 넣지 않고 조리하는 방법을 말합니다. 식재료가 가진 수분만을 이용해 찌거나 삶는 조리를 하기 때문에 깊은 맛이 나는 요리를 할 수 있습니다. 무수요리는 전용 조리도구가 없으면 만들 수 없다고들 하지만 스타우브 냄비로는 만들 수 있습니다.

제가 스타우브 냄비를 발견한 것은 몇 년 전의 일이었습니다. 결혼할 때 장만한 냄비를 계속 쓰다 보니 냄비의 밑바닥이 눌어 붙어서 새로 하나 사야겠다고 하다가 '이왕에 사는 거 이번에는 제대로 된 냄비를 사자'는 생각에 여러 냄비를 비교하고 검토한 결과, '스타우브(staub)'라는 냄비가 좋겠다는 결론에 이르렀습니다. 모양이 예쁘다는 장점도 있지만 가장 결정적인 것은 무수조리를 할 수 있다는 이유에서였습니다. 당시는 아이들이 알레르기가 있어서 첨가물을 쓰지 않는 식생활을 시작한 시기였습니다. 이전부터 간단한 조리법인 무수조리에 흥미를 가지고 있었기 때문에 스타우브를 구입하고 나서는 냄비의 구조, 채소의 성분, 조리법을 검토하면서 "이것도 물 없이 가능할까?" "이것을 이렇게 하면 무수(無水)가 되는 건가?" 하면서 매일 실험정신을 가지고 도전하며 열심히 음식을 만들었습니다. 잎채소, 뿌리채소, 고기, 생선 모두가 물을 넣지 않고도 맛있게 조리할 수 있었고, 레시피를 고려하면서 계속 조리를 하다 보니 하나하나씩 이야기가 늘어갔습니다.

"아무래도 요리에는 자신 없어" "바빠서 요리할 여유가 없다"는 사람들이야말로 스타우브를 이용해 음식을 만들어보길 권합니다. 그리고 그간에 스타우브에 물을 많이 넣고 조리를 해왔다면 이제는 한번 무수조리로 해 보세요. 상상 이상의 맛있는 요리를 만들 수 있을 것입니다.

매일 만드는 요리를 간단하고 편하게 해주는 무수조리. 그로 인한 즐거움과 풍부한 맛을 많은 이들에게 전하고 싶었습니다. 이러한 마음을 담아 이 책에는 스타우브를 이용한 무수조리 레시피 83개를 수록했습니다. 매일 간편하게 만들 수 있는 채소반찬부터 메인요리인 고기와 생선요리까지 폭넓은 레시피를 담았습니다.
이 책이 스타우브 냄비와 함께 식탁이 풍요로워지는 데 도움이 된다면 매우 기쁜 마음일 것입니다. 만약 집에서 잠자고 있는 스타우브가 있다면 꺼내서 사용해 보세요. 이 책을 통해 요리의 즐거움을 실감할 수 있습니다. 맛있는 요리가 식탁 위에 놓여 모두에게 행복과 미소가 가득할 수 있기를.

하루히고향 주인
오하시 유카

차례

스타우브로 무수조리(無水調理)를 해보셨습니까? …… 2
무수조리의 장점 …………………………………… 6
냄비 안에서는 이런 일이 진행되고 있습니다 ……… 12
무수조리에 자주 쓰이는 식재료 ………………… 14

채소반찬

▌기본 —— 찜 조리

구운 채소 마리네 ………………………………… 18
브로콜리 찜 ……………………………………… 21
강낭콩 참깨무침 ………………………………… 21
감자찜 …………………………………………… 22
콩비지 포테이토 샐러드 ………………………… 23
두유 마요네즈 …………………………………… 23
쑥갓과 버섯 버터소테 …………………………… 24
대파 머스터드 피클 ……………………………… 25
양파 소스를 곁들인 토마토 찜 ………………… 26
양배추와 잔멸치 페페론치노 볶음 ……………… 28

▌응용 —— 찜 조리

무수 포토푀 ……………………………………… 30
포토푀 카레 ……………………………………… 32
리보리타 ………………………………………… 32
라타투이 ………………………………………… 33
순무 화이트 그라탱 ……………………………… 34
호박과 양파 포타주 ……………………………… 34
무수 양배추롤 …………………………………… 35
돼지고기와 배추 밀푀유나베 …………………… 38
두유 생강 돼지고기 된장국 …………………… 40
가지와 버섯 마리네 ……………………………… 42
돼지고기 무 조림 ………………………………… 43

[column] 콩요리

콩 삶기 …………………………………………… 44
타코라이스 ……………………………………… 44
오색 콩조림 ……………………………………… 45
검정콩 조림 ……………………………………… 46
단팥 ……………………………………………… 47

고기와 생선 요리

▌닭고기

무수 닭고기 찜 …………………………………… 48
가지와 고구마 수프 카레 ………………………… 51
흑초 생강찜 ……………………………………… 51
토마토 허브찜 …………………………………… 51
당근과 우엉 데리야키 치킨 …………………… 52
버섯과 허브 닭고기 찜 ………………………… 52
중화풍 돼지등갈비 구이 ………………………… 53
렌틸콩 조림 ……………………………………… 54
어니언 그라탱 수프 ……………………………… 54
잡곡 리소토 ……………………………………… 54
치킨 오일조림 …………………………………… 55
치킨 플레이크 …………………………………… 57
닭고기 야채 소보로 ……………………………… 57
리버 페이스트 …………………………………… 58
모래주머니와 버섯 조림 ………………………… 59

[column] 삶은 계란 만들기 …………………… 60

▌돼지고기

돼지고기 감자조림 ……………………………… 61
닭고기 감자조림 ………………………………… 63
이탈리안 감자조림 ……………………………… 63
수제 돼지고기햄 ………………………………… 64

◎ **이 책에서 정한 기준**

· 레시피의 큰술은 15ml, 작은술은 5ml, 1컵은 200ml를 기준으로 합니다.
· 분량 외에 조미료가 필요한 경우는 ( ) 안에 분량을 기재해 두었습니다.
· 소금은 천연해염을 사용합니다. 정제염은 더욱 짜므로
  분량에 주의해 주십시오.
· 두유(무첨가)는 대두고형분 9%의 제품을 사용합니다.

사용하는 냄비의 종류와 크기는 아래와 같이 표기합니다.

staub 20cm 피코 꼬꼬떼 라운드 / 냄비크기 / staub 24cm 시스테라 소테팬

쇼유라멘 · 64
에스닉 당면완자 · 65
수제 고추기름 · 65
소금절임 로스트 포크 · · · · · · · · · · · · · · · · 68
리예트 · 69
무수 곱창찜 · 70

[column] 흰쌀밥 짓는 법 · · · · · · · · · · · · · · · 71

소고기

토마토 스키야키 · 72
로스트비프 · 74
로스트비프 샐러드 · · · · · · · · · · · · · · · · · · 75
비프 스튜 · 76

튀김

닭튀김 · 78
프라이드 포테이토 · · · · · · · · · · · · · · · · · · 80
고구마 시나몬 슈거 · · · · · · · · · · · · · · · · · · 80
야채튀김 · 81

어패류

무수 생선찜 · 82
파스타&리조토 · 83
오징어와 가다랑어 아히요 · · · · · · · · · · · · 84
새우 비스크 · 85
연어와 버섯 차우더 · · · · · · · · · · · · · · · · · 85
방어 조림 · 88
연어 초절임 데리야키 · · · · · · · · · · · · · · · · 89
정어리 흑초 조림 · · · · · · · · · · · · · · · · · · · 90

카레

스파이스 치킨카레 · · · · · · · · · · · · · · · · · · 92
그린 카레 · 94
규스지 토마토 카레 · · · · · · · · · · · · · · · · · 95
포크 카레 · 95

훈제 조리

훈제 치킨 · 98
치즈 · 100
메추리알 · 100
어묵 · 100
자반고등어 · 101
소시지 · 101
수제 베이컨 · 102

간식

군고구마 · 104
고구마 푸딩 · 104
구운 바나나 · 106
구운 사과 · 106
메이플 고구마 맛탕 · · · · · · · · · · · · · · · · 107
타르트 타탕풍의 사과 타르트 · · · · · · · · 108
가토 쇼콜라 · 110

· 버터는 유염을 사용하나, 무염버터도 사용할 수 있습니다.
· 버섯류는 끝부분만을 떼어 내고, 씻지 않고 사용합니다. 만약 더러운 것 같으면 살짝 씻어내도 좋습니다.
· 불 조절은 별도의 표기가 없으면 아주 약한 불입니다. 또한, 표기한 조리 시간은 대략적인 기준입니다.
  조리하는 기구나 환경에 따라 다르므로 경우에 따라 조절해 주십시오.
· 오븐, 전자레인지의 가열 시간은 대략적인 수치입니다. 경우에 따라 조절해 주십시오.
· 소금을 뿌린 돼지고기 로스트를 냉동할 경우에는 열을 식혀서 공기가 닿지 않게 랩을 씌워 지퍼백에 넣어 주십시오.
· 냉장, 냉동의 보존 기간은 대략적인 수치입니다. 되도록 빨리 드시기 바랍니다.
· 스타우브의 크기와 사용 시 주의사항은 속표지의 뒷면에 기재되어 있습니다.

무수조리의 장점 1 | 식재료의 감칠맛이 진해진다

스타우브 이외의 냄비
로 만든 쇠고기 감자조림

물을 넣은 조리

- 물을 많이 넣었기 때문에 재료가 움직이거나 부딪혀서 뭉개집니다.

- 육즙이 나온 고기는 딱딱해지기 쉽습니다.

- 물을 많이 넣으면 시판되는 수프스톡이나 조미료도 많이 넣게 되어 식재료 본연의 맛이 약해져 버립니다.

- 국물을 조리는 시간이 필요합니다.

스타우브는 뚜껑이 매우 무거운 것이 특징입니다. 밀폐성이 높아서 향이나 김이 빠져나가지 않습니다. 식재료에서 나온 수분이 증기로 변해 냄비 안에서 원활하게 돌기 때문에 재료의 수분만으로 찌는 요리나 삶는 요리를 만들 수 있고, 물을 더하지 않아 맛이 진하기 때문에 시중에 파는 수프스톡이나 조미료를 넣지 않고도 응축된 맛을 느낄 수 있습니다.

스타우브
로 만든 쇠고기 감자조림
물을 넣지 않은 조리

재료에서 나온 수분이 냄비 안에서 돌다가 비처럼 냄비 전체에 내립니다. 냄비 안에 간이뚜껑을 덮지 않아도 식재료가 촉촉하게 익습니다.

조리 과정에서 식재료의 수분이 나옵니다. 그러나 잠길 정도는 아니어서 국물에 재료가 뭉개지지 않습니다.

무수조리는 물을 넣는 것이 아니어서 맛이 진합니다. 조미료를 최소한만 사용하면 되므로 재료의 감칠맛을 충분히 느낄 수 있습니다.

가열 후의 여열(남은 열)을 이용해 계속 조리할 수 있습니다. 불을 가하는 시간이 짧아서 연료비가 절약됩니다.

| 무수조리의 장점 2 | # 최소한의 조미료를 사용한다 |

스타우브 이외의 냄비

물을 넣은 조리 쇠고기 감자조림을 만들 경우의 조미료 양

- 맛술 … 4큰술
- 육수 … 2컵
- 술 … 2큰술
- 간장 … 4큰술
- 설탕 … 2큰술

각 가정에 따라 맛을 내는 데는 차이가 있지만
재료가 살짝 잠길 정도로 조리하는 경우의 기본적인 조미료 분량을 기재하였습니다.
육수의 양에 비례해서 설탕이나 맛술, 간장의 양이 증가합니다.

물을 넣으면 그만큼 맛이 연해져서 소금이나 간장을 많이 넣어야 하지만 무수조리는 맛이 진해서 조미료를 더 넣을 필요가 없습니다. 식재료가 가진 맛과 향이 조미료를 대신하므로 따로 양념을 만들 필요도 없습니다. 맛술과 간장만으로도 재료의 맛을 느낄 수 있는, 매우 맛있는 요리를 만들 수 있습니다. 또한 양파나 채소의 단맛이 설탕 역할을 하기 때문에 이 책 대부분의 요리에 설탕을 쓰지 않았습니다.

스타우브

물을 넣지 않은 조리 쇠고기 감자조림를 만들 경우의 조미료 양

맛술 … 2큰술

간장 … 2큰술

식재료에서 나온 진한 국물이 육수를 대신하므로 육수를 따로 넣을 필요가 없습니다.
물을 넣지 않아서 간장을 적게 넣어도 충분합니다.
채소의 단맛이 설탕을 대신하고 맛술의 필요량도 줄어듭니다.

무수조리의 장점 3 | 모든 요리의 가열 순서가 기본적으로 거의 같다

1 중불에서 기름을 달군다

2 식재료를 넣는다

3 소금을 뿌리고 뚜껑을 덮는다

- 센 불로 달구면 너무 뜨거워져서 금방 타버리기 때문에 바닥에 흠집이 생기는 원인이 됩니다. 중불로도 충분히 뜨거워지므로 반드시 중불에서 시작해주세요.
- 스타우브는 유리질의 법랑을 칠한 주철(鑄鉄) 냄비입니다. 내측이 거칠거칠해서 식재료가 달라붙기 어려워 재료를 볶기 쉽습니다.

- 실리콘이나 나무 주걱을 사용해 재료를 볶거나 익히면서 깊은 맛과 단맛을 냅니다. 보기에도 맛있게 익어갑니다.
- 이때 소금을 넣으면 재료에서 수분이 빠져나와 제대로 볶기 어려우므로 주의합니다.

- 뚜껑을 덮고 익히기 직전에 소금을 뿌립니다. 이 소금에는 밑간의 기능뿐 아니라 삼투압 효과로 식재료에서 수분이 빠져나오기 쉽게 만드는 효과도 있습니다.
- 냄비 안의 빈 공간에서 재료의 증기가 순환하므로 익힐 때는 반드시 냄비의 절반에서 7~80%까지 식재료를 넣어주세요. 양이 너무 적으면 증기가 순환하는 데에 시간이 걸려서 아랫부분이 타버릴 수 있습니다.

어려워 보이는 무수조리이지만 거의 모든 요리의 조리순서가 비슷해서 요령만 익히면 응용할 수 있습니다. 재료를 자르고 준비를 마치면 만들기 시작. 먼저 중불로 시작해 도중에 약불로 보글보글 익혀만 주면 됩니다. 부드럽게 만들어 속까지 맛이 배게 하고 싶은 요리라면 반드시 불을 끈 후 방치해두는 시간(여열로 조리하는 시간)을 생각해 두어야 합니다. 스타우브는 두꺼워서 불을 끈 후에도 조리가 계속됩니다.

* 여열조리(余熱調理) – 불을 끄고 남은 열기로 조리하는 방식.

김이 나면
아주 약한 불로 줄인다

지정된 시간만큼 익힌다

불을 끄고 그대로 둔다
(여열조리)*

● 뚜껑의 틈으로 김이 새어 나오면 냄비 안에 김이 꽉 찼다는 증거. 이때 아주 약한 불로 줄이면 증기가 멈춰 냄비 안에서 잘 순환되므로 김이 나오지 않을 때까지 불을 줄여주세요.
● 가스레인지라면 가장 약한 불로 익히고, 인덕션 레인지라면 기종에 따라 다르지만 2~3 정도로 조절합니다. 김이 계속 나오게 두면 타버릴 염려가 있으니 주의.

● 냄비 속 재료의 크기나 굳기를 어느 정도로 부드럽게 할 것인지에 따라 가열하는 시간은 가지가지. 어패류는 익히는 시간이 짧아야 딱딱해지지 않습니다.

[재료별 익히는 시간]
채소 : 3~20분
닭고기 : 10~45분
돼지고기 (얇게 썬 것) : 10~20분
돼지고기 (덩어리) : 40분~1시간 이상
소고기 (덩어리) : 1시간 이상
어패류 (토막) : 3~5분
어패류 (통째로) : 10~15분

● 불을 끄고 그대로 두면 여열로 계속 조리됩니다. 특히 재료를 부드럽게 익히고 싶으면 반드시 여열 시간을 가져야 합니다.
● 신문지와 타월로 이중으로 싼다거나 오븐에 조리를 하면(p69) 여열 효과가 더욱 커집니다.

냄비 안은 어떻게 되었을까? 자세한 내용은 다음 페이지에 ☞

☞ 냄비 안에서는 이런 일이

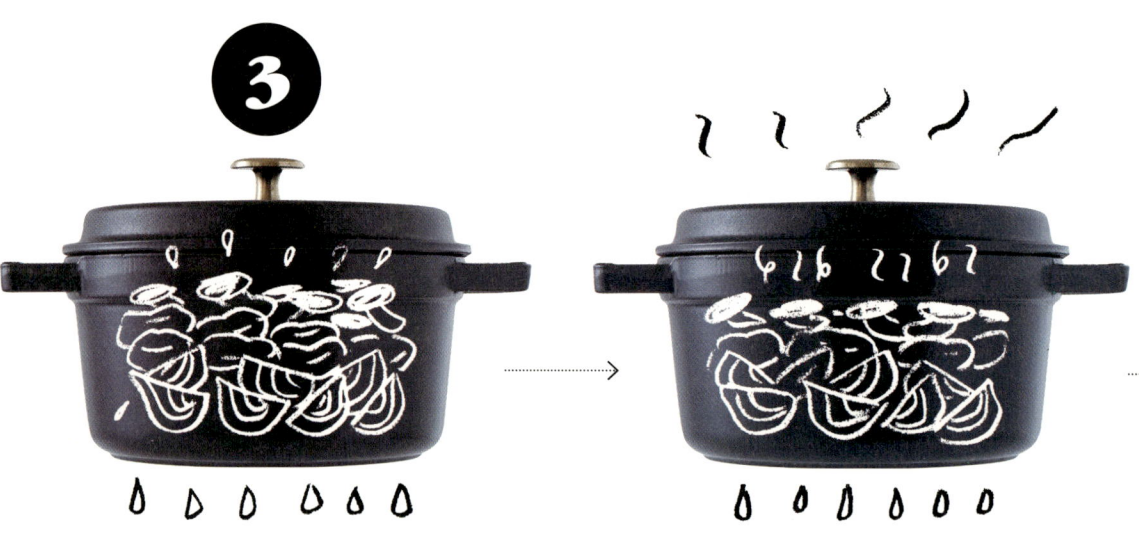

소금을 뿌린 재료에서 삼투압 효과로 많은 수분이 나옵니다.

수분이 증기가 되어 냄비 안에 가득 찹니다. 뚜껑이 무거워 증기가 밖으로 나가지 못합니다.

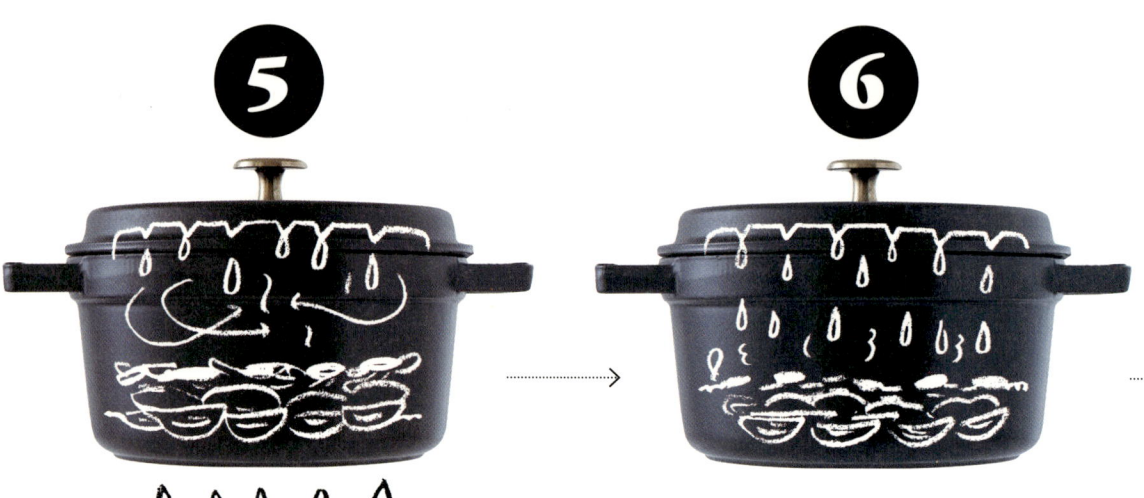

불을 줄이면 증기가 멈추고 냄비 안에서 잘 순환됩니다. 도중에 뚜껑을 열면 맛을 품은 증기가 날아가 버릴 수 있으므로 주의합니다. 열어버린 경우에는 다시 중불로 증기가 나오게 한 뒤 약불로 줄입니다.

불을 끄고 그대로 둡니다. 그러는 동안 냄비의 남은 열로 조리를 하는 상태가 됩니다(여열조리). 피코로부터 계속해서 아로마레인이 쏟아져서 그 국물에 식재료가 잠겨 맛이 스며들게 됩니다.

진행되고 있습니다 [p.10-11, ❸~❻의 냄비 안의 모양]

4

뚜껑에 닿은 증기는 돌기('피코'나 '시스테라'라고 불림)를 타고 물방울(아로마레인)이 되어 비처럼 재료에 뿌려집니다. 그 결과 증기가 더욱 순환됩니다.

증기가 냄비 안에 가득 차서 압력이 최고조에 달할 때 뚜껑의 틈새로 살짝 김이 새어 나옵니다. 이때 약불로 줄입니다.

완성

적절한 방치 시간(되도록 스타우브가 식기까지)이 지나면 드디어 완성됩니다. 그대로 먹어도 좋고 다시 데워서 먹어도 좋습니다. 원하는 대로 드시면 됩니다. 뚜껑 안쪽에는 맛을 품은 물방울이 다량 붙어있으니 뚜껑을 열 때는 물방울을 냄비 안으로 떨어뜨리도록 합니다.

스타우브 무수조리

무수조리에 자주 쓰이는 식재료

푹 익히고 싶을 때는 수분을 다량 포함한 채소를 넣으면
맛있는 국물이 많이 나옵니다.

채소

채소가 가진 수분을 맛있게 우려내는 것이 무수조리의 비법.
채소의 종류나 써는 방법으로 수분량을 조절해 주세요.

양파

수분을 많이 포함하고 있어서 무수조리에 결코 빠질 수 없는 채소. 국물을 내고 싶을 때는 결과 직각이 되게 얇게 썰어줍니다. 모양을 남기고 싶다면 가운데 심을 빼지 말고 4등분 하거나 반으로 자르고, 작은 양파라면 통째로 익혀도 좋습니다

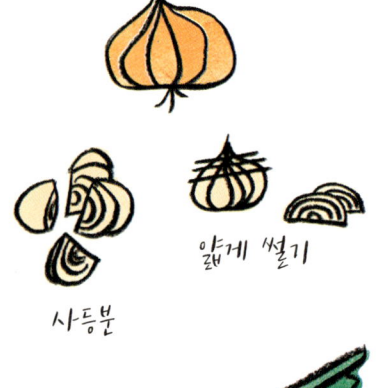

얇게 썰기

사등분

토마토

아주 흐물흐물하게 익히고 싶을 때는 2cm 크기의 깍둑썰기로, 형체를 남기고 싶을 때는 배 모양으로 큼직하게 썰어줍니다. 방울토마토는 국물을 내고 싶을 경우 반이나 4등분으로 잘라 주세요.

2cm 크기로 깍둑썰기

토마토

배 모양

방울토마토

또는

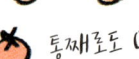
통째로도 OK

대파

5cm

5cm 정도의 길이로 익히면 모양이 그대로 유지됩니다. 구워서 익으면 단맛이 더욱 살아납니다.

버섯류

수분을 다량 함유하고 있어 국물이 필요한 요리에 좋습니다.
흙이 묻어 걱정되는 분들은 젖은 키친타월 등으로 가볍게 닦아줍니다.

만가닥버섯

밑뿌리 부분을 떼어내고 뭉친 더미를 하나하나 나눠줍니다.

하나하나 나눈다

팽이버섯

절반 정도 길이로 잘라 뿌리 부분을 떼어내고 더미를 하나하나 나눕니다.

표고버섯

밑뿌리 부분을 떼어내고 먹기 좋은 크기로 자릅니다.

양송이버섯

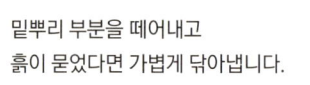

밑뿌리 부분을 떼어내고 흙이 묻었다면 가볍게 닦아냅니다.

우엉

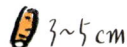

잘 물러지지 않아서 장시간 삶는 요리에 적당합니다. 3~5cm의 길이로 잘라 물에 담갔다 사용하면 갈변을 막아 깔끔한 색을 유지할 수 있습니다. 잘 씻어 껍질째 사용해도 좋습니다.

양배추 · 배추

볶음요리에 쓰려면 잘게 썰고, 장시간 익힐 때는 4~8등분 정도의 크기로 자릅니다. 구우면 단맛이 더해집니다.

순무

무와 똑같이 수분을 다량 함유하고 있습니다. 푹 삶으면 물러지기 쉬우니 4등분에서 절반 크기 정도로 큼직하게 자릅니다. 국물을 내고 싶을 때는 얇게 썹니다.

무

수분이 잘 나오는 채소. 껍질을 벗기고 두툼하게 잘라 마구 썰어놓으면 맛이 배어들기 쉽고 떫은맛을 따로 우려낼 필요가 없습니다. 볶아서 푹 익히면 깊은 맛이 납니다.

연근

껍질을 벗겨 둥글게 썰거나 마구썰기를 합니다. 마구 썰어놓으면 맛이 배어들기 쉽습니다.

감자 · 당근

익히는 시간에 따라 마구썰기를 하거나 깍둑썰기 등으로 크기를 정합니다. 알이 작은 감자는 껍질을 벗기지 않고 그대로 쓰기도 합니다. 뭉그러지기 쉬우니 푹 삶을 때는 냄비의 위쪽에 넣습니다.

* 마구썰기는 오이나 당근 등의 재료를 아무렇게나 어슷썰기 하는 것.

어패류

국물을 내기 쉬운 조개류는 무수조리에 빼놓을 수 없는 식재료. 어패류는 딱딱해지기 쉬우므로 살짝 익히는 정도로 조리합니다.

조개

감칠맛을 살리는 스타우브 조리에 딱 맞는 식재료. 이 책에서는 무수 생선찜(p82) 레시피에 사용하였습니다.

생선

살짝 찌면 도톰하게 맛있는 요리를 할 수 있습니다. 토막 낸 생선이라면 익히기도 쉬워 간단 조리가 가능하므로 생선 요리의 어려움을 덜 수 있습니다. 생선을 통째 사용할 경우에는 칼집을 넣으면 익히기가 쉬워집니다.

고기

무수조리를 하면 고기가 연해지고 촉촉해집니다.
써는 방법을 바꾸면 감칠맛의 농도를 조절할 수 있습니다.

닭다리

적당한 지방이 붙어 사용하기 아주 좋은 부위. 오래 익히면 부드러워지고 단시간에 조리를 해도 맛있습니다. 너무 오래 익히면 물러지기 쉬우니 주의해야 합니다. 카레 등에는 한입 크기로 잘라 익히면 고기의 감칠맛이 국물에 잘 배어듭니다.

닭가슴살

지방이 적어서 퍼석하지만 여열을 이용해 조리하면 매우 부드러워집니다. 장시간 익히면 퍼석해지니 잘게 자르거나 두드려 얇게 펴서 가열 시간을 줄입니다.

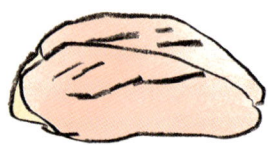

잘게 자르거나

두드려 얇게 편다

닭날개

뼈가 붙은 날개살은 감칠맛이 풍부해서 오래 익히는 요리에 좋습니다. 여열을 이용해 푹 익히면 젓가락으로 집어서 부서질 만큼 연해집니다.

돼지고기 목살, 삼겹살

고깃덩어리를 통째로 조리하면 육즙을 머금은 채 맛있게 부드러워집니다. 육즙을 내고 싶은 카레나 스튜에는 한입 크기로 잘라 넣습니다.

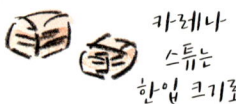

카레나 스튜는 한입 크기로

조미료

식용유와 소금은 거의 모든 요리에 필요합니다. 맛을 결정짓는 요소이므로 양질의 것을 선택해주세요.

식용유

향이 남는 요리에는 엑스트라버진 올리브유, 가열할 때에는 퓨어 올리브유, 향을 내고 싶지 않은 요리나 제과용에는 압착인 유채기름을 사용합니다. 중화요리의 향을 내고 싶을 때는 참기름을 조금. 버터는 풍미를 더할 때 가끔 사용합니다.

생으로 먹을 때나 완성된 요리에

가열시

중화요리

깊은 맛을 낼 때

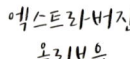

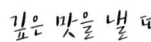

엑스트라버진 올리브유 퓨어 올리브유 참기름 버터

요리에 따라 구분해서 사용

☞ 버진 올리브유는 발연점이 낮아 높은 온도에선 유해성분이 나올 수 있으므로 샐러드나 나물 등에 사용하고, 퓨어 올리브유는 발연점이 높으므로(180-240℃) 튀김이나 부침 등에 사용한다.

돼지갈비

뼈가 붙은 갈빗살은 익히면 익힐수록 연해집니다. 양념을 하면 더욱 맛있게 먹을 수 있습니다.

소고기 사태, 안심

비프스튜 등, 푹 익힌 요리에 쓰이는 소고기의 대표적 부위. 육즙을 내야 할 경우에는 한입 크기로 잘라 사용합니다. 다소 시간이 걸리지만 여열조리 시간을 길게 잡으면 더욱 부드럽게 완성됩니다.

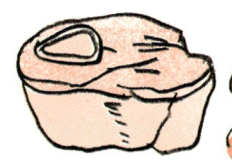

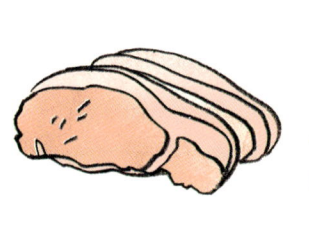

돼지뒷다리살

지방이 적어서 퍼석한 느낌도 있지만 스타우브로 요리하면 적절하게 맛을 낼 수 있습니다. 작게 잘라 밀가루를 묻혀서 한입 크기 돈가스를 만들어도 좋습니다.

소고기 스지

기름이 많고 떫은맛이 나므로 한 번 데쳐서 사용합니다. 푹 익히면 연해집니다.

소금

저는 한 손으로 뿌릴 수 있는 원통형 용기에 든 천연소금과 간을 맞추는 굵은 천연소금을 상시 준비해두고 있습니다. 본 책에서는 거의 모든 요리에 소금으로 맛을 내므로 소금의 양이 매우 중요합니다. 주의해야 할 점은 매일 같은 소금을 써보며 '이 정도를 넣으면 이 정도 짠맛이 나겠지' 하며 감각을 익힐 것. 재료 하나하나에 소금을 뿌리면 풍미를 잃지 않고 확실히 맛있는 요리로 거듭납니다.

한 손으로 뿌린다

천연소금

☞ 레시피에는 소금의 양을 기재했지만 소금의 종류에 따라 짠맛이 다르므로 조절해서 사용한다.

☞ 산에서 채취한 소금이나 호수의 소금은 더욱 짜기 때문에 분량에 주의한다.

채소반찬

〖 기본 —— 찜 조리 〗

스타우브와 소금만으로 맛있게 만들 수 있는 기본적인 조리법입니다.
구워서 찌면 채소의 단맛이 농축되어 채소 본연의 감칠맛을 즐길 수 있습니다.

staub recipe 1 구운 채소 마리네

올리브유와 소금, 후추만으로 채소가 이렇게 맛있을 수 있다니.
완성된 요리에 흑후추를 갈아서 뿌리면 향과 풍미가 더해집니다.

1. 양파는 8등분, 당근은 껍질을 벗겨 5cm 길이의 막대 모양으로 썰고 연근은 껍질을 벗겨 1.5cm 두께의 반달 모양으로 썬다. 만가닥버섯은 더미를 낱개로 잘 풀어둔다. 냄비에 올리브유를 두르고 중불로 가열한 뒤 당근과 연근을 색이 변할 때까지 구워서 소금 1/4작은술을 뿌려 일단 덜어둔다.

2. 양파를 넣고 양 측면을 굽는다. 둥근 부분을 아래로 향하게 한 후 소금 1/4작은술을 뿌린다.

【 재료 : 4인분 】

양파 ································ 1개	올리브유 ························ 1큰술
당근 ································ 1개	소금 ···························· 1/2작은술
연근 ································ 1개	흑후추 ······························ 조금
만가닥버섯 ············ 1/2팩(약50g)	타임 등 허브 ············ 있으면 2줄기

③ ②위에 ①의 당근, 연근, 버섯을 올리고 소금(조금)을 뿌린 뒤 뚜껑을 덮는다. 재료가 냄비의 절반 이상 담기도록 한다.

④ 뚜껑의 틈새로 김이 새어 나오면 약불로 줄인 뒤 10분 더 가열한다. 불을 끄고 뚜껑을 덮은 채로 냄비가 식을 때까지 그대로 둔다(여열조리). 그릇에 담아 흑후추를 갈아서 뿌리고 허브로 장식한다(p20).

staub recipe 1 구운 채소 마리네

p19의 3에서 소금을 뿌린 후 발사믹 식초 1큰술을 넣어도 맛을 낼 수 있다.

staub recipe 2 브로콜리 찜

씻었을 때의 물기만으로 찔 수 있어서 영양분이 줄어들지 않습니다. 살짝만 익혀서 냉장고에 넣어두면 바로 조리할 수 있어 편리합니다.

【 재료 : 1다발분 】
브로콜리 ·························· 1다발

staub 20cm

1. 브로콜리는 작은 송이로 나누어 깨끗이 씻는다.
2. 물방울이 붙은 채 냄비에 넣고 뚜껑을 덮어 중불로 5분 가열한다.
3. 안에서 자르르 소리가 나면 뚜껑을 열고 불을 끈 뒤 아랫부분의 브로콜리가 위로 오도록 전체를 섞는다. 딱딱하면 여열조리 시간을 늘린다.

☞ 색이 변하도록 바싹 구우면 향긋한 반찬이 되기도.

staub recipe 3 강낭콩 참깨무침

작은 스타우브는 열의 회전이 빨라 단시간에 조리할 수 있어 도시락을 만드는 데에 더없이 요긴한 존재입니다. 데치는 시간은 여열 시간으로 조절해 주세요.

【 재료 : 2인분 】
꼬투리 강낭콩 ·················· 20개
검은 깨소금 ······················ 2큰술
간장 ································· 1큰술
설탕 ······························ 1/2작은술

staub 14cm

1. 강낭콩은 심이 있으면 떼어내고 반으로 자른다. 깨소금, 간장, 설탕은 섞어둔다.
2. 씻어둔 강낭콩을 냄비에 넣고 뚜껑을 덮어 중불에서 3분 가열한다.
3. 한 차례 뒤섞어 불을 끄고 뚜껑을 덮어 2분간 그대로 둔다(여열조리). 잘 익었으면 1의 조미료를 넣는다. 아직 딱딱한 것 같으면 여열 시간을 길게 잡는다.

☞ 적은 양을 찔 때는 14cm 등의 작은 냄비를 이용하는 것이 편리.

staub recipe 4 감자찜

감자의 양은 냄비 크기의 절반에서 7~80%가 적당합니다.
감자의 양이 너무 적으면 김이 뚜껑의 틈새로 나가지 않고
너무 많으면 잘 익지 않으니, 반드시 분량을 잘 지키도록 합니다.

staub 20cm

【 재료 : 2~4인분 】
감자 ······················· 4개
올리브유 ··················· 1큰술
소금 ······················· 1/2작은술

1 감자 껍질을 벗겨 3cm 크기로 잘라 물에 담가둔다. 냄비에 올리브유, 물기를 뺀 감자를 넣고 소금을 뿌려 한 차례 섞는다.

2 뚜껑을 덮고 중불로 가열한다. 뚜껑 틈새로 김이 나오면 한 차례 섞고 다시 뚜껑을 덮어 약불에서 10분 가열한다.

☞ 감자나 호박, 고구마류를 찔 때에는 약불에서 익히기 전에 한 차례 뒤섞어주면 냄비에 잘 달라붙지 않는다.

3 윗부분의 감자가 나무주걱으로 부서질 정도로 익으면 한 차례 뒤집고, 불을 끈 뒤 뚜껑을 덮고 10분 정도 그대로 둔다 (여열조리).

staub recipe 5 콩비지 포테이토 샐러드

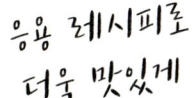 

메인 요리에 곁들이거나 술안주로 좋습니다.

【 재료 : 4인분 】
찐 감자(p22) ·························· 200g
콩비지 ································ 50g
두유 마요네즈(하단 설명 참조) ···· 2~3큰술
오이 ································· 1/2개
당근 ································· 1/8개

1 오이는 얇고 둥글게 잘라 소금(조금)을 뿌려 잠시 두었다가 물기가 빠지면 꼭 짠다. 당근은 채썰기 한다.
2 모든 재료를 잘 섞어 소금, 흑후추(조금씩)로 간을 맞춘다.

두유 마요네즈

바로 만들어 먹어야 하는 부드러운 신맛의 풍미.

【 재료 : 만들기 쉬운 분량 】
두유(무첨가) ························ 50ml
식초 ······························· 20ml
소금 ····························· 1/2작은술
황설탕 ···························· 2작은술
올리브유 ·························· 100ml

1 모든 재료를 한꺼번에 블렌더나 믹서로 갈아서 섞는다.

쑥갓과 버섯 버터소테*

staub recipe 6

버터를 올리브유에 섞어서 사용하거나 다진 마늘을 올려도 일품.
베이컨을 더하면 풍성한 반찬이 됩니다.

【 재료 : 2인분 】

쑥갓 ························· 1다발
만가닥버섯 ················ 1팩(약100g)
버터(유염) ···················· 15g
소금 ······················ 1/4작은술
후추 ························ 조금

1. 쑥갓은 뿌리 끝부분을 2cm 자르고 3등분 길이로 잘라둔다. 만가닥버섯 다발은 하나하나 나눈다.
2. 쑥갓을 흐르는 물에 씻은 뒤 물기가 있는 상태로 냄비에 넣어 뚜껑을 덮고 중불로 3분간 가열한다. 뚜껑을 열어 숨이 죽어있으면 꺼낸다.
3. 2의 냄비를 재빨리 씻어 물기를 닦고 중불에 가열한다.
4. 버터를 녹인 후 버섯과 물기를 뺀 2를 넣고(뜨거우므로 주의할 것) 뚜껑을 덮는다. 뚜껑 틈새로 김이 나면 소금, 후추를 뿌려서 잘 섞는다.

* 소테(Saute) – 버터나 샐러드유를 녹인 프라이팬(철판)에 굽는 조리법 또는 그 요리.

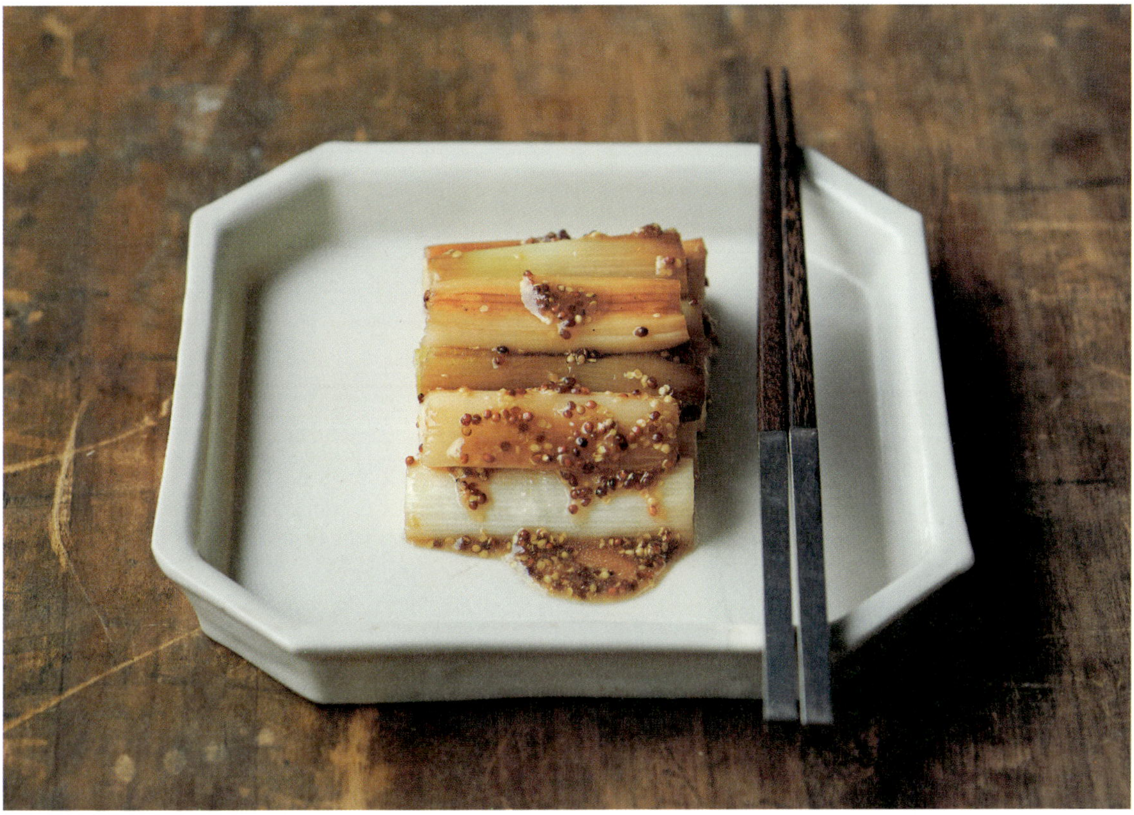

staub recipe 7 — 대파 머스터드 피클

스타우브 덕분에 대파의 단맛이 살아납니다.
구운 자국을 내면 더욱 맛있습니다. 카레라이스 반찬으로 곁들여도 좋습니다.

【 재료 : 4인분 】

- 대파 ······················· 3개
- 홀그레인 머스터드 ············ 2작은술
- 화이트와인 식초 ·············· 2작은술
- 올리브유 ···················· 1큰술
- 소금 ······················· 1/4작은술
- 후추 ······················· 조금

1. 대파는 5cm 길이로 썬다.
2. 냄비에 올리브유를 두르고 중불로 가열한 뒤 1을 겹쳐지지 않게 넣는다. 양면을 구운 뒤 소금을 뿌리고 익은 것부터 꺼낸다. 나머지 파도 같은 방법으로 굽는다.
3. 파를 냄비에 다시 넣은 뒤 와인 식초를 붓고 뚜껑을 덮는다. 뚜껑 틈새로 김이 나오면 약불로 3분간 가열한다. 불을 끄고 뚜껑을 덮은 채로 5분 정도 둔다 (여열조리).
4. 홀그레인 머스터드를 넣고 후추를 뿌려 섞는다.

staub recipe 8 양파 소스를 곁들인 토마토 찜

토마토를 푹 익혀서 부드럽고 맛있는 요리.
한눈에 봐도 근사하고 손님을 대접할 때도 부족함이 없습니다.
스타우브 냄비째로 식탁에 내놓아도 일품입니다.

【 재료 : 4인분 】

양파	1개
마늘	1쪽
토마토	4개(작은 것으로)
올리브유	1큰술
소금	1/2작은술
바질 잎	3장
엑스트라버진 올리브유	1큰술
흑후추	조금

1. 양파와 마늘은 다진다. 토마토는 꼭지를 따고 그 자리에 반 정도 깊이로 십자가 모양의 칼집을 낸다 ⓐ. 반대쪽에는 얕게 십자 모양을 넣는다.
2. 냄비에 올리브유를 두르고 중불로 달군 뒤 마늘, 양파를 넣고 가볍게 볶는다. 숨이 죽으면 토마토를 꼭지 쪽이 아래로 향하게 넣고 뚜껑을 덮는다.
3. 뚜껑 틈새로 김이 나오면 아주 약한 불로 5분간 가열한다. 뚜껑을 열어 토마토 껍질을 벗기고 ⓑ, 전체에 소금을 뿌려 다시 뚜껑을 덮어 중불로 가열한다.
4. 뚜껑 틈새로 김이 나오면 불을 끄고 뚜껑을 덮은 채로 5분 정도 그대로 (여열조리) 둔다. 토마토만 꺼낸다.
5. 냄비를 다시 중불로 데우고 냄비에 남겨 둔 마늘과 양파에 소금(약간)을 뿌려 간을 한다. 그릇에 담고 4의 토마토를 올린다. 바질 잎을 부숴서 뿌리고, 엑스트라버진 올리브유를 뿌린 후 흑후추로 마무리한다.

☞ 토마토의 수분으로 찐 요리. 깊은 맛이 스며든 양파 소스와 함께 곁들여 먹습니다. 바게트나 크래커와도 잘 어울립니다.

staub cooking manual

staub recipe 9 양배추와 잔멸치 페페론치노* 볶음

데치면 단맛이 나는 양배추에 잔멸치의 짠맛과 매운 고추가 강약을 더합니다.
심플한 재료로 근사한 일품요리가 완성됩니다.

* 페페론치노(peperoncino) :
이탈리아 요리에 사용되는 매운 고추.

【 재료 : 4인분 】

양배추	400g(약 1/4개)
마늘	2쪽
페페론치노(빨간 고추)	1개
미즈나(미나리로 대체 가능)	1묶음
올리브유	1큰술
잔멸치	30g
소금	1/2작은술
소금, 후추	조금씩

1. 양배추는 한입 크기로, 마늘은 잘게 썰고 고추는 잘게 자른다. 미즈나는 3cm 길이로 자른다.
2. 냄비에 올리브유, 고추, 마늘을 넣고 약불로 가열한다. 향이 나면 잔멸치를 넣고 중불로 가열하다가 양배추를 넣고 소금을 뿌린다. 전체를 섞고 뚜껑을 덮어 그대로 중불에 3분간 가열한다.
3. 뚜껑을 열고 다시 섞는다. 양배추가 아직 무르지 않았다면 불을 끄고 뚜껑을 덮어 5분 정도 여열로 익힌다.
4. 소금, 후추로 간을 하고 그릇에 담는다. 열기가 식으면 미즈나를 올린다.

볶는 요리는 수분이 나오지 않도록 중불에서 계속 가열합니다. 계속 젓지 않아도 되니 작업도 편하지요. 파스타에 곁들일 때는 양배추를 볶고 뚜껑을 덮어 틈새로 김이 나오면 아주 약한 불로 조절합니다. 그대로 익히면 수분이 나오므로 면을 곁들이면 좋습니다.

채소반찬

〚 응용 —— 찜 조리 〛

평범한 반찬이 약간의 요령을 내면 완벽한 무수조리로 탈바꿈.
육수를 따로 넣을 필요가 없습니다. 채소를 듬뿍 섭취할 수 있다는 장점도.

staub recipe 10 무수 포토푀*

스타우브 냄비로 포토푀도 물 없이 만들 수 있습니다.
채소와 고기의 깊은 맛이 우러난 육수는 다양한 요리에 쓰입니다.

* 포토푀(pot-au-feu) : 소고기, 채소 등을 물에 넣고 약한 불에서 장시간 고아 만든 프랑스의 스튜 요리.

【 재료 : 3~4인분 】

양파	2개
당근	1개
감자	2개(작은 것)
양배추	1/4개
만가닥버섯	1팩(약100g)
토마토	2개
닭봉	6개
소시지	6개
월계수 잎	있으면 2장
올리브유	1큰술
소금①	1/2작은술
소금②	1/2작은술
소금, 후추	조금씩

1. 양파, 감자, 양배추는 4등분으로 자르고 당근은 마구썰기 한다. 버섯은 더미를 하나씩 나눠둔다. 토마토는 8등분으로 썬다. 닭봉에 소금①을 뿌린다.

2. 냄비에 올리브유를 두르고 닭봉과 소시지를 가장자리로 몰아둔 뒤 빈자리에 채소를 채우고 전체에 소금②를 뿌린다. 월계수 잎을 올리고 ⓐ 뚜껑을 덮어 중불에 가열한다.

3. 뚜껑 틈새로 김이 나오면 아주 약한 불로 40분간 가열한다.

4. 국물이 자작해지면 ⓑ 불을 끄고 국물에 건더기가 골고루 잠기도록 저어준 뒤 뚜껑을 덮어 냄비가 식을 때까지 그대로 둔다(여열조리). 먹기 직전에 데워서 소금, 후추로 간을 맞춘다.

육수가 나오지 않을 때

육수가 나오지 않을 때는 증기가 제대로 돌지 않는다는 증거. 다시 중불로 가열하고 뚜껑 틈새로 김이 나올 때 약불로 줄여 충분히 익혀주면 육수가 듬뿍 나옵니다.

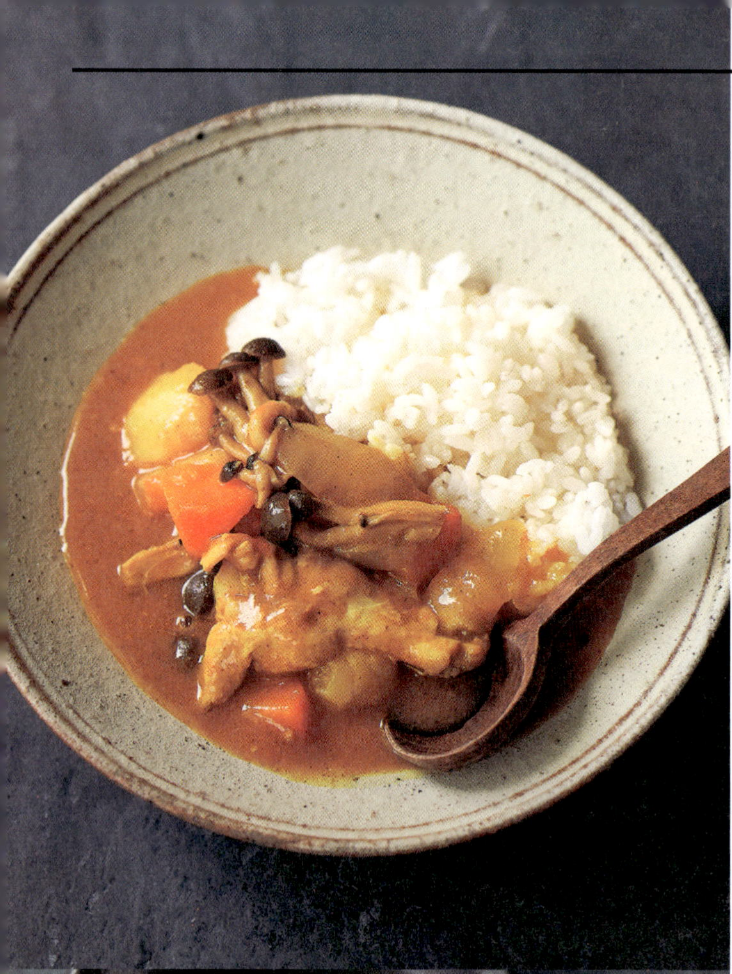

응용 레시피로
더욱 맛있게

staub recipe 11 포토푀 카레

포토푀에 카레 가루를 넣으면
간단히 카레라이스 완성.

【 재료 : 1인분 】
카레 가루 ·································· 2작은술
버터 ··· 30g
밀가루 ······································ 2작은술
포토푀 육수(p30) ···················· 100ml
포토푀 건더기(p30) ············· 원하는 만큼

1. 카레 가루, 밀가루, 녹인 버터를 볼에 넣고 잘 섞는다.
2. 포토푀 건더기를 적당한 크기로 자른 뒤 육수를 부어서 따뜻하게 데운다. 1을 풀어 넣고 걸쭉해질 때까지 끓인다.

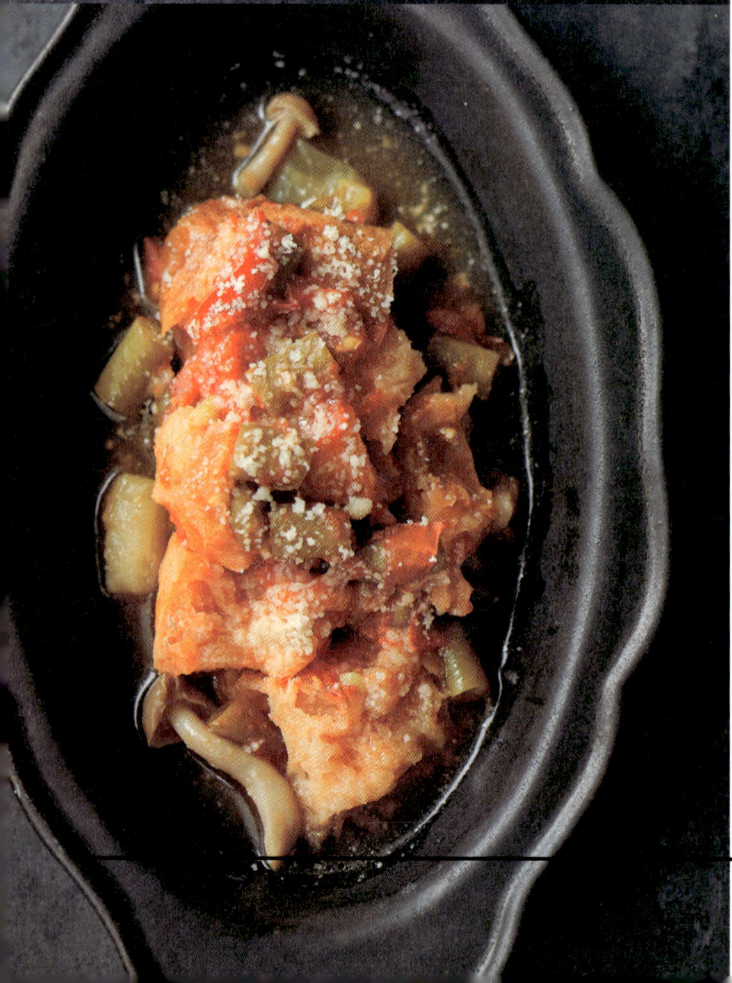

응용 레시피로
더욱 맛있게

staub recipe 12 리보리타*

포토푀에 바게트를 넣으면
부드러운 이탈리아풍의 빵 수프로.

【 재료 : 1인분 】
토마토 ······································ 1개
꼬투리강낭콩 ···························· 5개
포토푀 건더기(p30) ············· 원하는 만큼
포토푀 육수(p30) ···················· 100ml
바게트 ······································ 2조각
파르메산 치즈 ··························· 조금

1. 토마토와 강낭콩은 1cm 크기로 자른다. 냄비에 토마토, 강낭콩, 포토푀 건더기와 육수, 잘게 자른 바게트를 넣고 뭉근하게 끓인다. 파르메산 치즈를 갈아서 얹는다.

* 리보리타(Ribollita) : 이탈리아 토스카니 지방의 야채 빵을 넣은 수프.

staub recipe 13 라타투이*

여름 채소를 듬뿍 넣고 단시간에 익히는 라타투이. 만든 직후는 물론 식어도 맛이 있습니다.

* 라타투이(ratatouille) : 가지, 호박, 피망, 토마토 등에 허브와 올리브유를 넣고 뭉근히 끓여 만든 채소 스튜.

staub 20cm

【 재료 : 4인분 】
- 양파 ························ 1/2개
- 당근 ························ 1/2개
- 셀러리 ······················ 1/2개
- 가지 ························ 2개
- 빨간 파프리카 ·············· 1/2개
- 마늘 ························ 1쪽
- 토마토 페이스트 ············ 1팩(약18g)
- 바질 잎 ····················· 3장
- 올리브유 ···················· 1큰술
- 소금 ························ 1/2작은술
- 후추 ························ 조금

1. 양파, 당근, 셀러리는 2cm 크기로, 가지와 파프리카는 3cm 크기로 자른다. 마늘은 반으로 잘라 가볍게 빻아둔다.
2. 냄비에 마늘과 올리브유를 넣고 약불로 가열한 뒤 향이 나면 중불로 올려 양파, 당근, 셀러리를 넣고 볶는다. 숨이 죽으면 가지와 파프리카를 넣고 저어주면서 전체적으로 기름을 묻히고 토마토 페이스트를 넣는다. 소금을 뿌리고 뒤섞은 후 뚜껑을 덮는다.
3. 뚜껑 틈새로 김이 나오면 아주 약한 불로 10분간 가열한다. 소금, 후추를 뿌리고 뚜껑을 덮어 5분 정도 그대로 둔(여열조리) 뒤 바질 잎으로 장식한다.

☞ 생토마토를 사용하면 뭉그러지기 쉬우므로, 국물을 너무 많이 내고 싶지 않을 때는 토마토 페이스트가 편리하다.

☞ 입맛대로 식혔다가 데워 먹어도 좋다.

staub recipe **14**
순무 화이트 그라탱

staub recipe **15**
호박과 양파 포타주

staub recipe **16**
무수 양배추롤

staub recipe 14
순무 화이트 그라탱

순무 두유 퓌레를 채소에 끼얹어
치즈를 올려 구워줍니다.
퓌레를 밥과 함께 섞어
간단한 리소토를 만들어도 맛있습니다.

【 재료 : 20×16cm 그라탱 용기 1개 분량 】

양파	1/2개
순무(퓌레용)	2개
(건더기용)	1개
연근	1개
새송이버섯	1팩
올리브유	1큰술
두유(무첨가)	약 25ml
소금	1/2작은술
버터	1큰술
피자용 치즈	30g
소금, 후추	조금씩

1. 양파는 결과 직각으로 얇게 썬다. 순무는 깨끗이 씻어 퓌레용은 껍질째 얇게 자르고, 건더기로 쓸 것은 한입 크기로 썰어둔다. 연근과 새송이버섯은 한입 크기로 자른다.
2. 냄비에 올리브유를 두르고 중불로 가열한 뒤 양파를 넣고 가볍게 볶는다. 퓌레용 순무를 넣고 소금을 뿌린 뒤 뚜껑을 닫고 아주 약한 불로 10분 가열한다. 불을 끄고 뚜껑을 덮은 채로 10분간 그대로 둔다(여열조리). 채소가 부드러워졌다면 두유를 넣고 블렌더로 곱게 간다.
3. 프라이팬에 버터를 녹이고 연근, 새송이버섯, 건더기용 순무를 넣고 잘 볶는다. 소금, 후추를 뿌리고 그라탱 그릇에 옮겨 담는다.
4. 2를 끼얹고 ⓐ 피자용 치즈를 올린 뒤 190℃ 오븐에서 20분 정도, 치즈가 노릇노릇해질 때까지 굽는다.

☞ 순무는 뚜껑을 덮어서 처음부터 약불에서 가열하면 소스 색이 하얗게 완성된다.

staub recipe 15
호박과 양파 포타주

순무, 양배추, 당근, 고구마, 양파 등,
다양한 채소로 만들 수 있습니다.
두유를 너무 많이 넣으면 두유 냄새가
날 수 있으니 주의합니다.

【 재료 : 4인분 】

단호박	1/4개(약300g)
양파	2개
올리브유	1큰술
소금	1작은술
두유(무첨가)	450~550ml
소금, 후추	조금씩

1. 단호박은 껍질을 벗겨 얇게 썬다. 양파는 결과 직각으로 얇게 썬다.
2. 냄비에 올리브유를 두르고 중불로 가열한 뒤 양파를 가볍게 볶는다. 호박을 넣고 소금을 뿌린 뒤 전체를 섞어 ⓐ 뚜껑을 덮는다. 뚜껑 틈새로 김이 나오면 아주 약한 불에서 10분 정도 가열하고, 호박이 부드러워지면 불을 끄고 뚜껑을 덮은 채 10분 정도 그대로 둔다(여열조리).
3. 2를 믹서에 옮겨 담고 두유를 부어 갈아준다 ⓑ. 가열하면 걸쭉해지므로 두유를 조금씩 넣어가며 조절한다.
4. 3을 냄비에 옮겨서 소금, 후추로 간을 하며 데운다. 두유는 끓이면 분리가 되므로 중불에서 잘 저어가며 김이 오를 때까지 가열한다. 그릇에 옮겨 담고 입맛에 따라 흑후추와 올리브유를 넣는다.

☞ 두유를 넣으면 상하기 쉬우므로 먹기 직전에 먹을 양만큼 믹서로 갈아 넣는다.

staub recipe **16**

무수 양배추롤

양배추롤도 무수조리로 만들 수 있습니다.
가열 후 식힌 다음 다시 끓이면 부드럽게 완성됩니다.
토마토 조각을 넣으면 토마토 풍미가 더해집니다.

【 재료 : 4인분 】

양배추	4장
양파	2개
팽이버섯	1팩(약200g)
양배추롤 속재료	
다진 돼지고기	400g
연두부	150g
전분	1큰술
소금	1/2작은술
올리브유	1큰술
소금	1/2작은술
소금, 후추	조금씩

1. 양배추는 1장씩 흐르는 물에 씻는다. 냄비에 겹쳐 넣고 뚜껑을 덮은 후 5분 정도 찐다. 양배추를 뒤집어서 뚜껑을 덮고 숨이 죽을 때까지 5분 정도 찐다ⓐ. 양배추를 꺼내서 식힌 후 심지를 잘라낸다.
2. 양파는 6~8등분으로 배 모양으로 자르고, 팽이버섯은 절반 정도 길이로 잘라서 더미를 나눈다.
3. 볼에 다진 돼지고기와 소금을 넣고 끈기가 생길 때까지 주무르다가 두부와 전분을 넣고 다시 주무른다. 4등분해서 양배추 위에 놓고 잘라낸 심지도 함께 돌돌 만다ⓑ.
4. 1에서 사용했던 냄비에 올리브유를 두르고 3의 돌돌 만 끝부분을 아래로 향하게 넣는다. 주위에 양파를 넣고 팽이버섯을 올려ⓒ 전체에 소금을 뿌리고 뚜껑을 덮어 중불에 가열한다.
5. 뚜껑 틈새로 김이 나오면 아주 약한 불로 조절해 40분 가열한다. 불을 끄고 국물이 건더기에 스며들면 뚜껑을 덮은 채로 식을 때까지 그대로 둔다(여열조리). 먹기 전에 데워서 소금, 후추로 간을 한다.

☞ 양배추를 더욱 부드럽게 만들고 싶을 때는 5에서 식힌 후 약불에서 다시 보글보글 끓인다.
☞ 두부는 특별히 물을 뺄 필요는 없다.

staub recipe 17 돼지고기와 배추 밀푀유나베

돼지고기의 감칠맛과 유부의 기름을 머금은 촉촉한 배추.
겨자나 유자 후추(규슈의 특산 조미료)에 찍어 먹어도 그 맛이 일품입니다.

【 재료 : 2~3인분 】

배추	1/4포기
삼겹살 슬라이스	200g
유부	2장
소금	1작은술
유자 껍질	1개 분량
쪽파	조금

1. 유부는 뜨거운 물을 부어 기름기를 빼고 배추는 깨끗이 씻어 물기를 빼둔다.
2. 배춧잎 사이에 돼지고기와 유부를 차례로 끼워 넣는다 ⓐ.
3. 배추의 심지 끝부분을 남기고 길이로 2등분하여 칼집을 넣는다. 전체를 4등분 길이로 토막을 내서 자른 부위가 보이도록 냄비에 차곡차곡 넣는다 ⓑⓒⓓ. 마지막 토막은 심지를 잘라내고 넣는다.
4. 소금을 전체에 뿌리고 뚜껑을 닫아 중불로 가열한다.
5. 뚜껑 틈새로 김이 나오면 아주 약한 불로 30분간 가열하고, 뚜껑을 덮은 채로 30분 정도 그대로 둔다(여열조리). 먹기 직전에 데워서 채 썬 유자껍질과 잘게 썬 쪽파를 얹어 낸다.

staub recipe 18 두유 생강 돼지고기 된장국

된장과 두유가 어우러진 크림스튜 같은 감칠맛.
두유를 싫어하는 사람도 맛있게 즐길 수 있습니다.
생강이 의외의 포인트.

【 재료 : 4~6인분 】

재료	분량
대파	1개
우엉	1/2개
당근	1개
무	1/8개
감자	2개
배추	1/4포기
팽이버섯	1/2팩(약100g)
만가닥버섯	1/2팩(약50g)
생강	20g
다진 돼지고기	200g
두유(무첨가)	500ml
일본 된장	2큰술
올리브유	1큰술
소금①	1작은술
소금②	1/2작은술

1. 파, 우엉은 1cm 길이로 자르고 당근, 무는 은행잎 모양으로, 감자와 배추는 2cm 깍둑썰기로 썬다. 팽이버섯은 절반 길이로 자르고, 만가닥버섯은 더미를 풀어둔다. 생강은 갈아 놓는다.

2. 냄비에 올리브유를 두르고 중불에서 가열한 뒤 파, 우엉, 당근, 다진 돼지고기를 넣고 볶는다 ⓐ. 소금①을 뿌리고 위에 만가닥버섯, 팽이버섯, 무, 감자, 배추를 놓고 ⓑ 소금②를 뿌린 후 뚜껑을 덮는다.

3. 냄비 틈새로 김이 나오면 아주 약한 불로 40분간 가열한다. 불을 끄고 뚜껑을 덮은 채로 냄비가 식을 때까지 그대로 둔다 (여열조리).

4. 국물이 나왔으면 ⓒ 생강, 두유를 넣고 중불로 데운다. 된장을 풀고 소금(조금)으로 간을 맞춘다.

☞ 너무 끓이면 두유가 분리되므로 따뜻한 정도로 데운다.

☞ 두유를 넣으면 오래 보관할 수 없으므로 먹을 분량만큼만 덜어서 데운다.

staub recipe 19 가지와 버섯 마리네

스타우브를 사용하면 적은 양의 기름으로도
가지가 부드러워집니다.
여름에 국수나 냉우동에 얹어도 좋습니다.

【 재료 : 2인분 】

가지	2개
팽이버섯	1팩(약200g)
생강	10g
양하	3개
올리브유	1큰술
흑초	2큰술
간장	2작은술
소금	1/2작은술

1. 가지 표면에 격자무늬 칼집을 넣고 한입 크기로 자른다. 생강은 잘게 썰고 양하는 채썬다. 팽이버섯은 더미를 나눠둔다.
2. 냄비에 올리브유와 생강을 넣고 약불로 가열해서 향이 나면 가지를 넣고 중불로 잘 볶는다. 팽이버섯을 넣고 소금을 뿌린 뒤 전체를 섞은 다음 뚜껑을 덮고 아주 약한 불로 10분간 가열한다.
3. 불을 끄고 한 차례 섞어준 뒤 뚜껑을 덮어 5분 정도 그대로 둔다(여열조리). 흑초와 간장을 넣고 전체를 골고루 섞은 후 그릇에 담고 양하를 올린다.

제철 채소를 곁들이고
돼지고기 대신 닭고기를 사용해도
맛있게 만들 수 있습니다.

【 재료 : 2인분 】

무	1/2개
다진 돼지고기	200g
간장	2큰술
맛술	2큰술
전분물	
전분	1큰술
물	2큰술
미쓰바(참나물로 대체 가능)	조금
소금	조금

1. 무는 껍질을 벗겨 마구썰기를 한다.
2. 냄비에 간장과 맛술을 넣고 중불로 가열하다가 끓어오르면 다진 돼지고기를 넣고 섞는다. 고기가 익어서 부슬부슬 해지면 무를 넣고 전체를 뒤섞은 뒤 뚜껑을 덮는다. 틈새로 김이 나오면 아주 약한 불로 20분간 가열한다. 불을 끄고 한 번 저어준 다음, 뚜껑을 덮고 냄비가 식을 때까지 그대로 둔다(여열조리).
3. 다시 중불로 데우고 소금으로 간을 맞춘 후, 전분물을 넣어 걸쭉하게 만든다. 그릇에 담아 미쓰바를 얹어 낸다.

staub recipe **20** 돼지고기 무 조림

무수조리는 아니지만 스타우브는 콩을 삶는 용도로도 활용됩니다.

콩 요리

스타우브는 콩 요리를 위한 조리에도 편하게 쓸 수 있습니다. 요리교실에서도 자주 얘기하는 3종류의 콩을 익히는 방법과 미리 삶아둔 콩을 이용한 요리를 소개합니다.

staub recipe 21 콩 삶기

병아리콩, 흰 강낭콩 등, 다른 콩도 똑같은 방법으로 삶습니다. 마른 콩을 불려서 쓰는 기본적인 방법입니다.

staub 20cm

【 재료 : 만들기 쉬운 분량 】
콩(마른 콩) ·················· 300g

【 삶는 방법 】
1. 콩을 냄비에 넣고 3배의 물을 부어 8시간 정도 불린다 ⓐ. 24시간 이상 두면 콩이 딱딱해지므로 주의한다. 급히 불릴 경우에는 미지근한 물에 담가둔다.
2. 그대로 중불에 가열하고 ⓑ 끓어오르면 뚜껑을 덮어 아주 약한 불로 40분간 삶는다. 불을 끄고 뚜껑을 덮어 냄비가 식을 때까지 그대로 둔다(여열조리).

☞ 더 부드럽게 만들고 싶으면 삶는 시간을 늘린다.
☞ 식은 후 지퍼백에 담아 냉동실에 넣어두면 2~3주간 보관할 수 있다.

응용 레시피로 더욱 맛있게

staub recipe 22 타코라이스

푸짐한 고기, 채소, 콩으로 느끼는 포만감. 향긋하게 완성했습니다.

【 재료 : 4인분 】
삶은 콩(21번 레시피 참조)	100g
다진 돼지고기	300g
양파	1개
연근	1개
칠리파우더	1작은술
토마토케첩	2큰술
우스터소스	1큰술
올리브유	1작은술
소금	1/2작은술
피자용 치즈	20g
토마토(깍둑썰기)	1개분
양상추(채썰기)	1/4개분
아보카도(깍둑썰기)	1개분
밥	4공기

응용 레시피로
더욱 맛있게

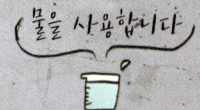

staub recipe 23 오색 콩조림

여러 채소와 삶은 콩을 함께 섞어 조립니다. 물을 넣지 않아서 진한 맛이 스며들어 있습니다.

【 재료 : 만들기 쉬운 분량 】

삶은 콩(21번 레시피 참조)	300g
우엉	1/2개
당근	1개
곤약	1/2개
말린 표고버섯	3개
올리브유	2작은술
간장	2큰술
맛술	2큰술
소금	1/2작은술

1. 말린 표고버섯은 물이 닿는 정도로만 씻는다. 표고버섯, 우엉, 당근, 곤약은 1cm 크기로 깍둑썰기한다.
2. 냄비에 올리브유를 두르고 중불로 달군 뒤 우엉과 당근을 볶는다. 표고버섯, 곤약, 콩, 간장, 맛술, 소금을 넣고 가볍게 섞은 뒤 뚜껑을 덮는다.
3. 뚜껑 틈새로 김이 나오면 아주 약한 불로 줄이고 15분간 가열한다. 불을 끄고 전체를 섞은 다음 뚜껑을 덮고 냄비가 식을 때까지 그대로 둔다(여열조리).

1. 양파는 잘게 썰고 연근은 1cm로 깍둑썰기한다.
2. 냄비에 올리브유를 두르고 중불로 달군 뒤 양파를 볶는다. 다진 돼지고기와 칠리파우더를 넣어 보슬보슬해질 때까지 볶는다. 연근을 넣고 볶은 다음 콩과 소금을 넣고 다시 볶는다. 케첩, 우스터 소스를 넣고 물기를 날려준다.
3. 밥을 그릇에 담고 2를 얹는다. 치즈, 토마토, 양상추, 아보카도를 올리고 칠리파우더(조금)를 뿌려 마무리한다.

staub recipe 24 검정콩 조림

반질반질 동글동글.
흑설탕을 사용해서
맛있게 만들었습니다.

【 재료 : 만들기 쉬운 분량 】
검정콩 ·· 200g
흑설탕 ·· 150g
베이킹소다 ································ 1/2작은술

1. 냄비에 물 800ml, 흑설탕 50g, 베이킹소다를 넣고 저어준 뒤 중불에 가열한다. 40℃ 정도가 되면 살살 씻은 검정콩을 넣고 뚜껑을 덮은 후 4시간에서 하룻밤 정도 그대로 둔다 ⓐ.
2. 뚜껑을 연 채로 중불에 가열한다. 끓어오르면 거품을 걷어내고 ⓑ, 뚜껑을 덮어 아주 약한 불에서 1시간을 조린다.
3. 흑설탕 50g을 더 넣고 전체를 섞어준 뒤 중불에 가열한다. 바글바글하게 조용히 끓는 기미가 보이면 뚜껑을 덮고 아주 약한 불에서 20분간 조린다. 콩에서 검은 물이 나오면 미지근한 물을 100ml 붓고 흑설탕 50g을 더해서 잘 저어준 뒤 중불에서 조용히 끓으면 뚜껑을 덮고 아주 약한 불에서 20분간 조린다.
4. 불을 끄고 뚜껑을 덮은 채로 냄비가 식을 때까지 그대로 둔다(여열조리).
5. 지퍼백에 담아 냉장고에 하룻밤을 둔다 ⓒ. 2~3일이 지나면 더욱 맛있는 검정콩 조림을 맛볼 수 있다.

☞ 갑자기 온도가 바뀌거나 공기에 노출되지 않도록 하고, 자꾸 만지지 말고 그대로 두면 콩이 잘 불어서 쭈글쭈글하지 않은 검정콩 조림이 된다.
☞ 냉장고에서 4~5일 보존 가능. 냉동할 때에는 국물 그대로 지퍼백에 담아 한 달 정도 보존 가능하다. 해동은 냉장고에서.
☞ 1의 과정을 전날 밤에 거치고 아침에 조리거나 아침에 하고 오후에 조리는 것이 좋다.

staub recipe 25 단팥

스타우브의 여열을 이용해 팥을 삶는 간단한 방법입니다. 마지막에 바짝 조리는 시간을 따로 두지 않았으므로, 국물을 확실하게 조리는 것이 포인트입니다.

【 재료 : 만들기 쉬운 분량 】
팥 ·································· 250g
황설탕 ······························· 180g
소금 ·································· 1자밤

1. 냄비에 팥과 물(팥의 3배)을 붓고 뚜껑을 덮지 않은 채 중불로 가열한다 ⓐ.
2. 끓기 시작하면 뚜껑을 덮고 약불에서 30분 더 끓인다. 물이 적어지면 팥이 잠길 만큼 다시 새 물을 붓는다. 중불에서 끓으면 불을 끄고 뚜껑을 덮어 약 45분가량 그대로 둔다(여열조리).
3. 껍질이 부서지면서 부드러워지면 ⓑ 체에 걸러 물기를 빼준다.
4. 팥을 냄비에 다시 붓고 중불로 가열하면서 준비된 설탕의 1/3 분량을 넣고 섞는다. 잘 녹으면 남은 설탕을 2회분으로 나눠 넣는다 ⓒ. 소금을 넣고 저어준다. 나무주걱이 냄비 바닥을 쓸면서 지날 때 바닥이 보일 정도가 되면 완성 ⓓ.

☞ 완성된 팥소는 파는 것보다 묽지만 식으면 되직해진다.
☞ 설탕은 팥이 부드러워지면 넣는다. 딱딱할 때 넣으면 그 후에는 조려도 부드러워지지 않는다.
☞ 소분하여 랩에 싼 뒤 지퍼백에 담아 보관한다. 냉동보관하면 한 달가량 보존 가능.

고기와 생선 요리

〚 닭고기 〛

냄비에 넣고 보글보글 끓이기만 하면 그만. 닭다리와 가슴살이 스타우브의 마법으로 훌륭한 음식으로 재탄생합니다. 제철 채소와 함께 만들어 보세요.

staub recipe 26 무수 닭고기 찜

"조미료는 어떤 것을 사용하는지?"라는 질문을 받으면 "소금만 넣어요"라고 대답하며 자랑하고 싶어지는 요리. 말랑말랑하게 부드러워지는 닭고기와 채소의 맛에 자연스레 미소가 피어납니다.

1. 양파는 껍질을 벗기고 4~6등분의 배 모양으로 자른다. 만가닥버섯은 더미를 하나하나 나눈다. 닭다리살은 양면에 소금①을 골고루 뿌린다. 닭고기에 밑간을 해두면 본연의 맛을 해치지 않고 만들 수 있다.

2. 냄비에 올리브유를 두르고 중불로 가열한 뒤 양파를 굽는다. 양 측면을 차례로 구운 후 둥근 부분을 아래로 향하게 놓는다. 이렇게 해두면 냄비와의 접촉이 줄어서 쉽게 타지 않는다.

【 재료 : 4인분 】
닭다리살 ·················· 2개분
양파 ················· 큰 것으로 1개
만가닥버섯 ············· 1팩(약100g)
올리브유 ·················· 1큰술
소금 ① ··············· 1과 1/2작은술
소금 ② ···················· 조금
소금, 후추 ················· 조금씩

3. 닭고기를 올리고 그 위에 만가닥버섯을 올린다(좋아하는 채소를 함께 넣어도 좋다). 소금 ②를 뿌리고 뚜껑을 덮는다.

4. 뚜껑 틈새로 김이 나오면 아주 약한 불로 40분~1시간 가열한다. 국물이 황금색이 되면 불을 끄고 뚜껑을 덮은 채 냄비가 식을 때까지 그대로 둔다(여열조리). 먹기 직전에 데워서 소금, 후추를 뿌려 간을 맞춘다.

☞ 불을 끈 뒤에도 여열조리가 계속되므로 방치 시간도 고려해서 조리를 시작하는 것이 좋다. 아침에 만들어 그대로 뒀다가 밤에 데워서 먹을 것을 권한다. 다만, 한여름에는 피해야 할 사항.

☞ 당근이나 감자를 넣을 경우에는 부서지기 쉬우므로 고기 위에 올려서 부서지지 않게 할 것.

staub recipe **26** 무수 닭고기 찜

☞ 버섯과 양파에서 수분이 빠져나와 물을 넣지 않고도 수프처럼 국물이 듬뿍. 이 진한 육수도 건더기와 함께 꼭 맛보시길. 들어가는 채소와 고기를 바꾸면 아이디어에 따라서 레시피가 점점 늘어갑니다.

채소를 응용한 레시피

재료가 바뀌어도 순서는 거의 같습니다. 좋아하는 채소를 넣고 만들어 보세요.

staub recipe 27 가지와 고구마 수프 카레

짠맛에 싫증이 난다면 향신료를 넣어 수프 카레로.

【 4인분 】

1. 가지(작은 것 2개)와 고구마(작은 것 2개)는 껍질을 벗겨 마구썰기를 한 뒤 물에 담가 둔다. 양파(큰 것 1개)는 4등분한다.
2. 냄비에 올리브유(1큰술)를 두르고 중불로 가열한 뒤 양파를 굽는다. 닭다리살(2개분) 양면에 소금(1과1/2작은술 가량)을 골고루 뿌려 위에 올리고 가지와 고구마를 올린다. 취향대로 향신료(강황이나 칠리파우더 등을 합쳐서 2작은술)와 소금(조금)을 뿌리고 뚜껑을 덮는다.
3. 뚜껑 틈새로 김이 나오면 아주 약한 불에서 40분~1시간 가열한다. 전체를 섞고 뚜껑을 덮은 뒤 불을 끄고 냄비가 식을 때까지 그대로 둔다(여열조리). 먹기 직전에 데워서 소금, 후추(조금씩)로 간을 맞춘다.

☞ 색이 까맣게 되는 것이 싫으면 가지와 고구마는 껍질을 벗기지 말고 그대로 넣어도 좋다.

staub recipe 28 흑초 생강찜

흑초의 효과로 고기가 매우 부드러워집니다.

【 4인분 】

1. 생강(10g)은 껍질을 벗겨 얇게 저민다. 양파(큰 것 1개)는 4등분한다. 당근(1개)은 마구썰기 한다.
2. 냄비에 올리브유(1큰술)를 두르고 중불로 가열한 뒤 양파를 굽는다. 닭다리살(2개분) 양면에 소금(1과1/2작은술가량)을 골고루 뿌려 위에 올리고 당근, 만가닥버섯(1팩 약100g), 생강을 그 위에 올린 뒤 전체에 흑초(50ml)를 빙 둘러 붓고 소금(조금)을 뿌린 후 뚜껑을 덮는다.
3. 뚜껑 틈새로 김이 나오면 아주 약한 불로 40분 가열한다. 전체를 고루 섞어준 뒤 뚜껑을 덮고 불을 끈 후 냄비가 식을 때까지 그대로 둔다(여열조리). 먹기 직전에 데워서 소금, 후추(조금씩)로 맛을 낸다. 있으면 고수 잎으로 장식한다.

staub recipe 29 토마토 허브찜

수분을 가득 품은 토마토는 무수조리 초보자도 안심하고 사용할 수 있습니다.

【 4인분 】

1. 양파(큰 것 1개)는 4등분한다. 토마토(1개)는 3cm 크기로 깍둑썰기한다. 감자(작은 것 2개)는 깨끗이 씻는다.
2. 냄비에 올리브유(1큰술)를 두르고 중불로 가열한 뒤 양파를 굽는다. 닭다리살(2개분) 양면에 소금(1과1/2작은술가량)을 골고루 뿌려 위에 올리고 토마토, 감자, 좋아하는 허브(타임, 로즈마리 등 2줄기)를 얹은 뒤 소금(조금)을 뿌리고 뚜껑을 덮는다.
3. 뚜껑 틈새로 김이 나오면 아주 약한 불로 40분~1시간 가열한다. 전체를 섞은 뒤 뚜껑을 덮고 불을 끈다. 냄비가 식을 때까지 그대로 둔다(여열조리). 먹기 직전에 데워서 소금, 후추(조금씩)로 맛을 낸다.

치킨 롤을 응용한 레시피 방법을 살짝 바꾸면 손님맞이용 요리로 변신.

당근과 우엉 데리야키 치킨

양념을 넣고 조려 데리야키 풍으로 완성했습니다.
명절이나 파티에 딱 맞는 요리입니다.

【 재료 : 4인분 】

닭다리살	2개분
당근	1/2개(가는 것)
우엉	1개(두꺼운 것)
간장	2큰술
맛술	2큰술
소금①	1/2작은술

버섯과 허브 닭고기 찜

마늘과 허브를 함께 말아 향긋하고 세련된 한 접시 요리로.
함께 넣는 채소를 바꿔서 넣어도 좋습니다.

【 재료 : 4인분 】

닭다리살	2개분
양파	1개
마늘	1쪽
만가닥버섯	1팩(약100g)
로즈마리	1줄기
소금①	1과 1/2작은술
소금②	조금
올리브유	1큰술

1. 고기 전체에 칼집을 넣고 두께를 가지런히 맞춘다. 소금①을 뿌린다.
2. ▶ 데리야키 치킨 ···· 당근과 우엉은 닭고기 너비에 맞춰 자른 뒤 부채꼴 모양으로 4등분한다. 2개씩 교차로 넣고 홍백색을 바둑판무늬로 해서 닭고기 위에 놓고 둘둘 말아준다. 이쑤시개 3개를 사용해 1개를 가운데에, 나머지 2개로 좌우를 단단히 고정시킨다ⓐ(실로 감아도 됨). 2개를 만들어 간장과 맛술을 부은 냄비에 넣고 뚜껑을 덮고 중불로 가열한다.
   ▶ 닭고기 찜 ········· 양파는 배 모양으로 자르고 마늘은 얇게 저민다. 만가닥버섯은 하나하나 나눠둔다. 마늘, 버섯, 로즈마리를 닭고기 위에 올리고 둘둘 말아 이쑤시개 3개로 고정시킨다ⓐ. 똑같은 방식으로 2개를 만들어둔다. 냄비에 올리브유를 두르고 중불로 달군 뒤 고기를 굽는다. 주위에 양파를 넣고 소금②를 뿌린 뒤 뚜껑을 덮는다.
3. 뚜껑 틈새로 김이 나오면 아주 약한 불로 40분간 가열한다. 불을 끄고 고기를 뒤집은 후 뚜껑을 덮고 냄비가 식을 때까지 그대로 둔다(여열조리).

☞ 완성된 고기를 자르기 전에 냉장고에서 차갑게 식히면 깔끔하게 자를 수 있다. 자른 고기는 국물에 다시 넣어 데운다.

고기를 사용한 레시피

국물이 잘 나오지 않는 채소를 사용해서 양념조림으로 만들었습니다.

staub recipe 32 중화풍 돼지등갈비 구이

국물이 잘 나오지 않는 채소를 골라 양념을 골고루 바른 돼지등갈비 구이를 만들었습니다.
삼겹살이나 목살로도 맛있게 만들 수 있습니다.

【 재료 : 4인분 】
돼지등갈비	500g
대파	1개
연근	1개
A	
간장	2큰술
맛술	2큰술
꿀	2작은술
식초	2작은술
참기름	2작은술
흰깨	조금

1. 대파는 5cm 길이로, 연근은 마구썰기 한다. A는 섞어둔다.
2. 냄비에 참기름을 두르고 중불로 가열한 뒤 돼지등갈비를 앞뒤로 굽는다. 파와 연근을 넣고 볶은 뒤 A를 넣고 전체를 한차례 섞은 후 뚜껑을 덮는다.
3. 뚜껑 틈새로 김이 나오면 아주 약한 불로 40분 가열한다. 불을 끄고 뚜껑을 덮은 채 냄비가 식을 때까지 그대로 둔다 (여열조리).
4. 식으면 다시 중불로 가열하고, 뚜껑 틈새로 김이 나면 아주 약한 불로 20분간 가열한다. 뚜껑을 열고 국물이 없어질 때까지 약불로 조린다. 그릇에 담아 흰 깨를 뿌려낸다.

☞ 고기의 크기에 따라 다르지만, 고기를 더욱 부드럽게 만들고 싶을 경우에는 '그대로 두고 식힌다 → 조린다'의 과정을 반복한다.

 **육수를 사용한 레시피**

무수 닭고기 찜(p48)의 육수를 사용한 응용 레시피입니다.

staub recipe 33 렌틸콩 조림

렌틸콩은 물에 불릴 필요가 없는 작은 콩.
국물을 듬뿍 빨아들입니다.

【 1인분 】

1. 재빨리 씻은 렌틸콩(2큰술)과 닭고기 찜(p48)의 육수(100ml)를 냄비에 붓고 중불로 가열한다. 끓으면 아주 약한 불로 줄이고 뚜껑을 덮어 20분간 가열한다. 그릇에 담아 파르메산 치즈(조금)를 뿌린다.

staub recipe 34 어니언 그라탱 수프

감칠맛이 가득한 육수에 양파를 넣고 끓였습니다.

【 1인분 】

1. 양파(1개)는 결과 직각으로 얇게 썬다.
2. 냄비에 올리브유(2작은술)를 두르고 중불로 달군 뒤 양파를 넣고 볶는다. 숨이 죽어 색이 변하면 소금(조금)을 뿌리고 닭고기 찜(p48)의 육수(100ml)를 부어 뚜껑을 덮는다.
3. 뚜껑 틈새로 김이 나오면 아주 약한 불로 10분간 가열한 뒤 소금, 후추(조금씩)로 간을 맞춘다. 그릇에 담아 치즈를 올리고, 얇게 잘라 노릇노릇하게 구운 바게트를 올린다.

staub recipe 35 잡곡 리소토

육수에 잡곡을 넣어 맛있는 리소토 풍으로.

【 1인분 】

1. 씻어둔 잡곡(2큰술), 닭고기 찜(p48)의 육수(100ml), 여분의 건더기(조금)를 냄비에 넣고 중불로 가열한다. 끓어오르면 아주 약한 불로 줄이고 뚜껑을 덮어 20분간 가열한다. 그릇에 담아 얇게 저민 생강을 올린다.

staub recipe 36 치킨 오일조림

staub recipe 36

치킨 오일조림

퍼석한 느낌의 닭가슴살을
올리브유로 촉촉하게 구웠습니다.
활용하기 쉬우니 만들어 놓고
필요할 때마다 꺼내 쓰면 편리합니다.

【 재료 : 만들기 쉬운 분량 】
닭가슴살 ··· 2개분
올리브유 ··· 50ml
소금 ··· 1작은술

1. 닭고기는 길게 3등분하고 소금을 골고루 뿌린다 ⓐ.
2. 냄비에 올리브유를 준비한 분량의 반만 두르고, 1을 바닥에 가지런히 깐 뒤 남은 올리브유를 두른다 ⓑ. 뚜껑을 덮고 중불로 가열한다.
3. 뚜껑의 틈새로 김이 나오면 아주 약한 불로 줄이고 고기를 뒤집는다 ⓒ.
4. 뚜껑을 덮은 채로 중불에서 3분 정도 가열한다. 고기 전체가 하얗게 익으면서 작은 기포가 생기면 ⓓ, 불을 끄고 뚜껑을 덮어 냄비가 식을 때까지 그대로 둔다(여열조리). 식으면 그릇에 담아 랩을 씌워 냉장보관 한다.

☞ 닭가슴살은 길이로 가르면 익히기 쉽다.
  2~3일간 보존 가능하다.

응용 레시피로 더욱 맛있게

치킨 플레이크(flake, 잘게 으깬 조각)는 마요네즈를 넣은 것도 아닌데 참치마요네즈 같은 식감을 느낄 수 있습니다. 다양하게 사용할 수 있는 만능 재료입니다.

staub recipe 37
치킨 플레이크

밥에도 빵에도 잘 어울립니다. 남으면 소보로로 만들어둡니다.

1 오일에 조려 잘게 찢은 치킨(3개)과 국물(2작은술)을 푸드 프로세서에 넣고 몇 번 돌려 거칠게 갈아둔다. 당일에 다 사용하지 못하는 경우, 닭고기 야채 소보로로 만들어두면 편리하다.

staub recipe 38
닭고기 야채 소보로*

소분해서 냉동보관 해두면 편리합니다.

1 냄비에 간장(2큰술), 맛술(2큰술), 잘게 썬 생강(1조각 분량), 잘게 썬 당근(1/8개 분량), 잘게 다진 쪽파(2개 분량). 치킨 플레이크(치킨 오일조림 3개 분량)를 넣고 국물이 없어질 때까지 조린다.

* 소보로 : 생선이나 돼지고기, 닭고기, 새우 등을 으깨어 양념한 다음 조려서 만든 것.

☞ 샌드위치에 끼우거나, 우메보시(매실 절임)나 파와 함께 두부에 얹어 먹기도.

☞ 밥에 섞어서 오니기리로. 계란말이 사이에 넣어도 맛있다.

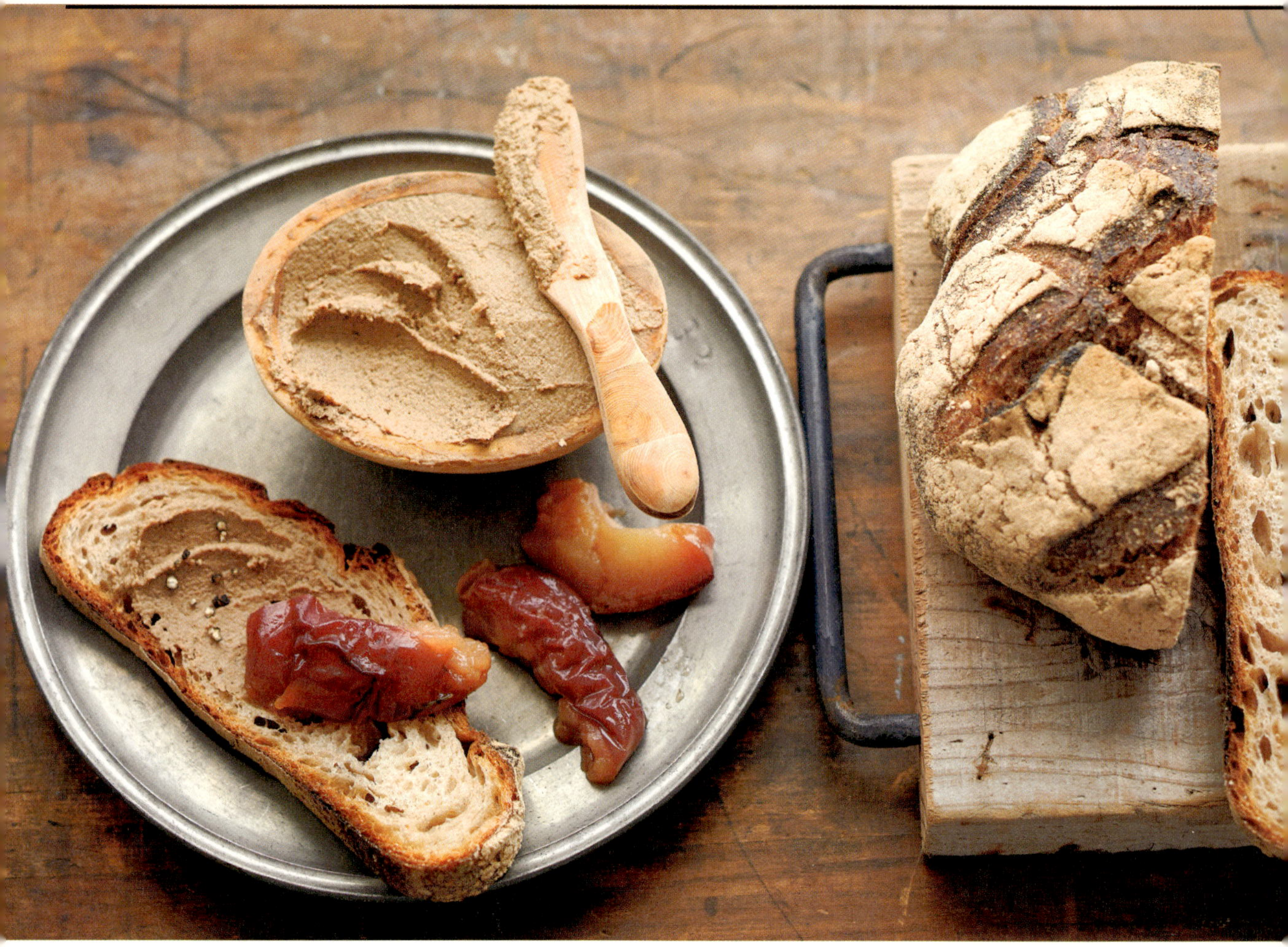

* 리버 페이스트(liver paste) : 소나 돼지, 닭 등의 간을 쪄서 갈아서 조미한 것.

staub recipe 39 리버 페이스트*

간장을 조금만 넣어 간장 맛이 두드러지지 않고, 생크림을 쓰지 않아 깔끔한 맛이 납니다.
페이스트를 빵에 바르고 구운 사과(p106)를 올려 먹으면 맛있습니다.

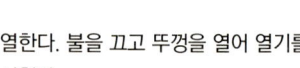

【 재료 : 만들기 쉬운 분량 】

- 닭 간 ·················· 200g
- 양파 ····················· 1개
- 마늘 ····················· 1쪽
- 올리브유 ················ 1큰술
- 레드와인(맛술도 가능) ······· 1큰술
- 간장 ···················· 2작은술

1. 닭의 간은 핏줄과 힘줄을 떼어내고 a 키친타월로 물기를 닦아낸다. 양파는 결과 직각으로 얇게 썰고 마늘은 잘게 썰어둔다.
2. 냄비에 올리브유를 두르고 중불로 달군 뒤 양파를 볶는다. 양파를 냄비 한쪽으로 밀어둔 뒤 올리브유(1작은술)를 두르고 닭 간을 넣고 볶는다. 표면의 색이 변하면 레드와인, 마늘, 간장을 넣고 섞는다. 뚜껑을 덮고 중불에서 5분간 가열한다. 불을 끄고 뚜껑을 열어 열기를 식힌다.
3. 푸드 프로세서로 부드러워질 정도로 간다.

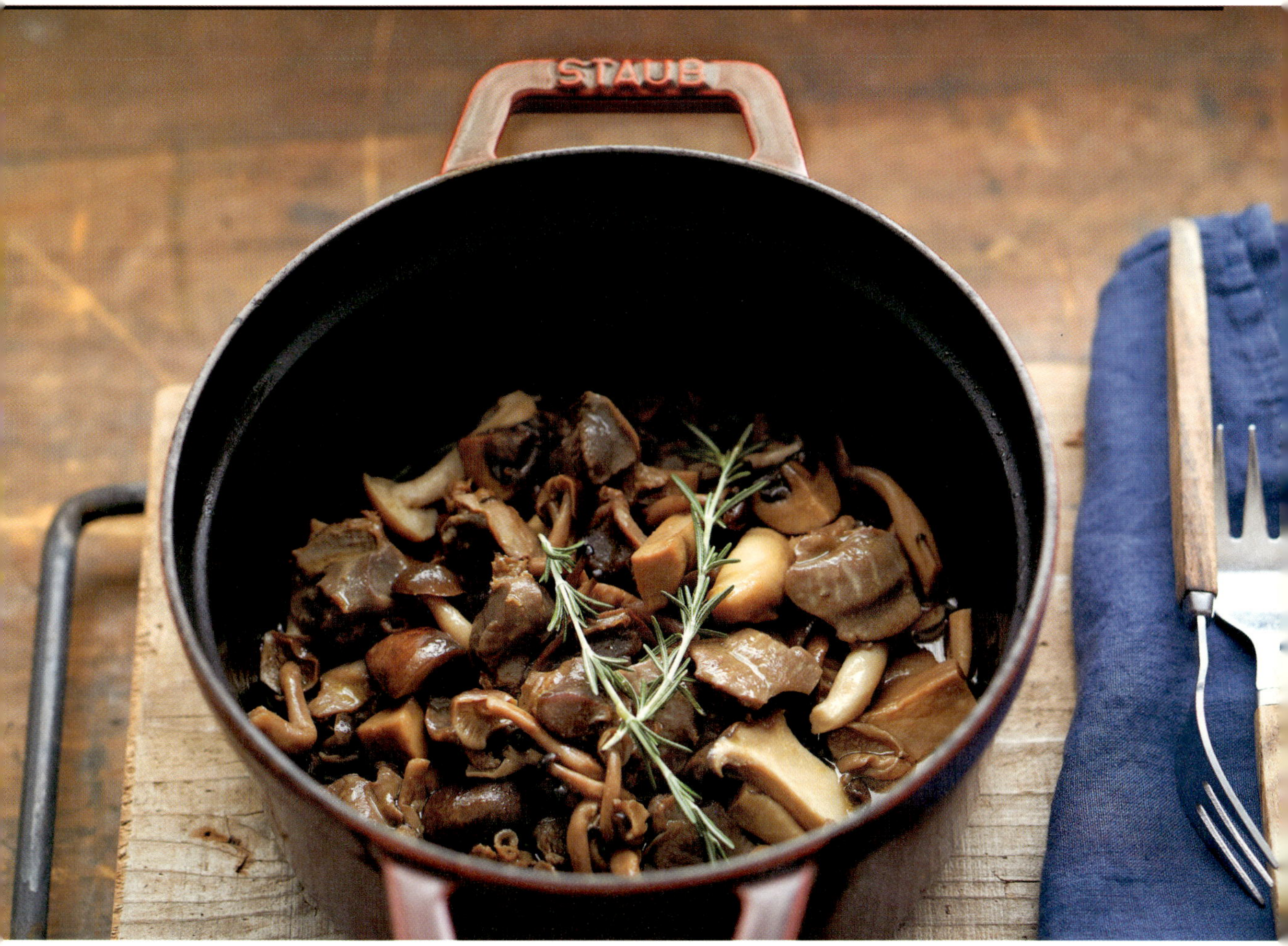

staub recipe 40 모래주머니와 버섯 조림

모래주머니가 놀랄 만큼 부드러워집니다. 술안주로도 안성맞춤.
흰 껍질은 버리지 말고 함께 익히면 더욱 맛있어집니다.

【 재료 : 4인분 】

모래주머니(닭똥집)	300g
양송이버섯	5개
새송이버섯	1팩
만가닥버섯	2팩(약 200g)
마늘	2쪽
간장	2큰술
올리브유	50ml
로즈마리	2줄기
소금	조금

1. 모래주머니의 흰 껍질을 떼어낸다ⓐ. 양송이버섯은 반으로, 새송이버섯은 절반 길이로 잘라 얇게 썬다. 마늘은 반으로 썰어 싹을 잘라낸다. 만가닥버섯은 낱개로 분리해둔다.
2. 냄비에 1과 올리브유, 간장을 넣고 뚜껑을 덮어 중불로 가열한다.
3. 뚜껑 틈새로 김이 나오면 아주 약한 불로 40분간 가열한다. 불을 끄고 뚜껑을 덮은 채로 냄비가 식을 때까지 그대로 둔다(여열조리).
4. 소금으로 간을 하고 로즈마리를 얹어서 데운다.

삶은 계란 만들기

물을 사용합니다!

소량의 물로 계란을 삶아보겠습니다. 물 끓이는 시간을 생략해서 연료비를 절약할 수 있습니다. 많이 만들어두고 콩비지 포테이토 샐러드(p23)에 섞거나 중화풍 돼지등갈비 구이(p53)에 넣어 함께 조려도 좋습니다.

【 재료 】
계란 ·················· 5개

【 냄비 크기에 따른 계란 개수 】
16cm ················ 7개
18cm ················ 10개
20cm ················ 12개

계란 5개는 이 냄비 크기야
staub 14cm

순서

1. 계란을 냄비에 넣고 물을 1cm가량 부은 뒤 뚜껑을 덮고 중불로 가열한다.
2. 김이 나오면 아주 약한 불로 줄여 7분간 가열한다. 불을 끄고 뚜껑을 덮은 채로 7분간 그대로 둔다.
3. 물을 붓고 식힌다.
4. 계란에 힘을 가해 굴려 금이 가게 식히면 껍질이 잘 벗겨진다.

고기와 생선 요리

〚 돼지고기 〛

돼지고기 감자조림, 돼지고기 햄, 고기완자, 구이 등, 손님맞이용부터 안주까지.
사용하는 부위, 써는 방법, 양념에 따라 돼지고기 요리는 매우 폭넓게 다양해지고 있습니다.

staub recipe **41** 돼지고기 감자조림

staub recipe 41 돼지고기 감자조림

육수나 물을 넣지 않고 만드는 돼지고기 감자조림.
스타우브로 만들면 보통의 감자조림보다 조미료가 적게 듭니다.

【 재료 : 4인분 】

감자	3개
양파	1개
당근	1개
얇게 썬 돼지고기	200g
살짝 데친 꼬투리완두콩	3줄
간장	2큰술
맛술	2큰술
올리브유	1큰술

1. 감자는 껍질을 벗겨 한입 크기로, 양파는 배 모양으로 8등분한다. 당근은 마구썰기 하고 돼지고기는 3cm 길이로 썬다. 감자는 물에 담갔다가 물기를 빼둔다.
2. 냄비에 올리브유를 두르고 중불로 달군 뒤 양파와 당근을 볶는다. 적당히 익으면 감자와 돼지고기를 넣고 재빨리 볶아ⓐ 간장과 맛술을 붓고 한 번 저은 다음 뚜껑을 덮는다.
3. 뚜껑 틈새에서 김이 나오면 아주 약한 불에 20분간 가열한다. 수분이 나오면 한 차례 섞어 주고ⓑ, 불을 끄고 뚜껑을 덮어 냄비가 식을 때까지 그대로 둔다(여열조리). 먹기 직전에 데워서 그릇에 담고 살짝 데친 꼬투리완두콩을 곁들여낸다.

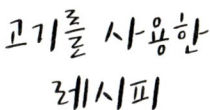

staub recipe 42

닭고기 감자조림

닭고기를 소금으로 간을 해서
담백하게 만들었습니다.
완성된 요리에 유자를 올려냅니다.

【 재료 】

* 돼지고기 감자조림 레시피를 참조
돼지고기 대신에 닭다리살(약250g)을 사용하고, 간장과 맛술에 소금(1/2작은술)을 더한다.

1 돼지고기 감자조림과 똑같은 과정으로 만든다. 완성된 요리에 유자껍질을 잘게 썰어(1개 분량) 올리고, 집에 있다면 키노메(산초나무 어린잎)로 장식한다.

staub recipe 43

이탈리안 감자조림

지금까지의 감자조림에 싫증 났다면
신선한 토마토로 맛을 냅니다.

【 재료 】

* 돼지고기 감자조림 레시피를 참조
돼지고기 대신에 얇게 썬 소고기(200g)를 사용하고, 2cm 크기로 깍둑썰기한 토마토(1개), 저민 마늘(1쪽), 바질 잎(3장)을 더한다.

1 마늘과 양파를 함께 볶고 당근을 더한 뒤, 돼지고기 감자조림과 같은 과정으로 만든다. 간장과 맛술을 붓고 한 차례 섞어준 뒤 토마토를 넣고 뚜껑을 덮는다. 그릇에 덜어 바질 잎을 찢어서 장식한다.

staub recipe 45

쇼유라멘

staub recipe 44

수제 돼지고기햄

staub recipe **46**
에스닉 당면완자

수제 고추기름

staub recipe 44
수제 돼지고기햄

많이 익히면 퍼석퍼석해지는 돼지뒷다리살이
육즙 가득한 요리로 재탄생됩니다.
남은 기름 육수로 라멘을 만들어도 좋습니다.

【 재료 : 2~3인분 】
돼지뒷다리살 ·························· 300~400g
소금 ············ 고기 무게의 약 1.2%(400g이라면 약 5g)
황설탕 ························· 고기 무게의 약 1.2%
올리브유 ·································· 1큰술

1. 돼지고기에 소금과 설탕을 뿌려 랩으로 싸고, 지퍼 백에 담아 냉장고에 하룻밤 보관한다 ⓐ.
2. 1을 재빨리 씻어 키친타월로 물기를 닦아낸다.
3. 냄비에 올리브유를 두르고 중불에서 달군 뒤 2의 표면을 익혀 뚜껑을 덮는다.
4. 뚜껑 틈새로 김이 나오면 아주 약한 불로 25분 가열한다. 불을 끄고 뚜껑을 덮은 채로 냄비가 식을 때까지 그대로 둔다(여열조리). 식으면 ⓑ 남은 기름 육수와 함께 지퍼백에 담아 냉장고에 보관한다.

☞ 1의 냉장고에서 하룻밤 보관한 돼지고기는 랩에 싼 채 지퍼백에 넣은 상태라면 냉장고에서 3~4일 보존가능하다.
☞ 아주 얇게 썰어 머스터드에 곁들이면 로스트 포크처럼 즐길 수 있다. 샌드위치 속재료로 사용해도 좋다.
☞ 냉장보관하면 2~3일 안에 먹어야 한다.

육수 활용하기

staub recipe 45 쇼유라멘

햄에서 우러나온 진한 육수에 다시마 국물을 더해서 만든 시원한 맛.

1. 국물을 만든다. 햄에서 우러난 기름 육수 전부에 물(300ml), 술(2작은술), 다시마(사방 5cm 크기), 파의 파란부분(1개분)을 넣고 10분 정도 끓인다. 간장(1큰술)과 소금(조금)으로 간을 한다.
2. 삶은 중화 면을 담은 그릇에 1의 국물을 붓고 얇게 썬 돼지고기 햄, 파 등을 올려서 낸다.

에스닉 당면완자

동글동글한 고기완자는 무수조리로 찌면
부서지지 않아서 안심할 수 있습니다.
국물을 머금은 당면은 밥에 얹어
덮밥을 만들어 먹어도 좋습니다.

【 재료 : 4인분 】

다진 돼지고기	200g
연두부	70g
셀러리	1줄기
토마토	1개
소금	1/2작은술
전분	1큰술
올리브유	1큰술
남플라(태국 조미료)	1큰술
당면	25g

1. 셀러리 잎은 잘게 썰고 줄기는 얇게 어슷썰기를, 토마토는 2cm 깍둑썰기를 한다.
2. 볼에 다진 고기와 소금을 넣고 끈적일 때까지 반죽한다. 두부, 전분, 셀러리 잎을 넣고 함께 치댄 뒤 네 덩이로 나눠 공기를 빼듯 길게 굴려 모양을 만든다 ⓐ.
3. 냄비에 올리브유를 두르고 중불로 달군 뒤 셀러리 줄기를 살짝 볶는다. 토마토와 남플라를 넣고 2를 위에 올린다 ⓑ. 살짝 데친 당면을 올리고 ⓒ 뚜껑을 덮는다.
4. 뚜껑 틈새로 김이 나오면 아주 약한 불에 8분간 가열한다. 당면이 잠기도록 전체적으로 섞고, 불을 끈 뒤 뚜껑을 덮어 10분 정도 그대로 둔다(여열조리). 소금(조금)으로 간을 맞춘다.

☞ 남플라는 잔물고기를 소금에 절여서 발효시킨
생선 간장의 일종으로 간장 대용으로 사용할 수 있다.
입맛대로 고수를 올려도 좋다.

수제 고추기름

직접 만든 고추기름을 고기완자에 곁들여 드세요.

1. 잘게 썬 마늘과 생강(각 30g), 잘게 자른 빨간 고추(4개분), 유채기름(4큰술), 소금(1작은술)을 작은 냄비에 넣고 5분 정도 끓인다.

staub recipe **47** 소금절임 로스트 포크

국물을 내지 않고 완성하는 구이 요리에는 채소를 적게 사용합니다.
스타우브를 작은 오븐처럼 이용하면 고기에 구운 자국이 선명하게 새겨집니다.

staub 20cm

【 재료 : 4인분 】
돼지고기 목살 ············· 400~500g
양파 ····························· 1/2개
감자 ························· 5개(작은 것)
마늘 ························· 4쪽(껍질째)
사과(홍옥) ························· 1개
로즈마리 ························ 1줄기
타임 ····························· 1줄기
올리브유 ························ 1큰술
소금, 설탕 ······· 돼지고기 무게의 1.2%
　　　　　　　　　　(400g이라면 각 5g씩)

1. 돼지고기는 소금과 설탕을 뿌려서 랩에 싼 뒤 지퍼백에 담아 냉장고에 2~3일 보관한다 ⓐ (하룻밤도 좋다).
2. 감자는 깨끗이 씻는다. 양파는 배 모양으로 4~6등분 해두고, 사과는 배 모양으로 6등분 한다. 1의 고기를 재빨리 씻어 키친타월로 물기를 닦아낸다. 오븐을 180℃로 달군다.
3. 냄비에 올리브유를 두르고 중불로 가열한 뒤 2의 고기를 기름 부위를 아래로 해서 놓는다. 주위에 양파, 감자, 마늘, 사과, 로즈마리, 타임을 넣고 ⓑ 뚜껑을 덮는다.
4. 뚜껑 틈새로 김이 나오면 아주 약한 불에 5분간 가열한다.
5. 오븐에 넣어 40분이 지나면 전원을 끄고 뚜껑을 덮은 채로 냄비가 식을 때까지 그대로 둔다(여열조리). 먹기 직전에 고기를 잘라 냄비에 다시 넣어 데운다.

☞ 함께 껍질째 구운 마늘은 끈적끈적한 퓌레 상태가 되어 고기에 발라 먹으면 맛있다.

응용 레시피로 더욱 맛있게

staub recipe **48** 리예트*

소금절임 로스트 포크가 레드와인에 딱 맞는 안주로 변신. 바게트에 발라 먹는 것을 추천합니다.

1. 소금절임 로스트 포크(100g), 육수(1큰술), 있으면 케이퍼(1작은술)를 푸드 프로세서에 넣고 잘 갈아준다. 그릇에 담아 샐비어 잎으로 장식한다.

스타우브로 오븐 조리

오븐의 여열과 스타우브 자체의 여열을 이용한 두 배의 기능으로 고기가 촉촉하게 연해지는 것을 느낄 수 있습니다. 가열 시간이 줄어 연료비도 절약됩니다. 부드럽게 만들고 싶은 비프스튜나 오뎅국을 만드는 데도 적합합니다.

* 리예트(rillette) : 잘게 저민 돼지고기나 토끼·거위 고기를 절구로 으깨서 양념한 페이스트.

staub recipe 49 무수 곱창찜

곱창을 한 번 데쳐내면 누린내를 없앨 수 있어서 먹기 좋아집니다.
무수조리로 찜을 만들 수 있는 스타우브가 아니면 힘든 일입니다.

【 재료 : 4인분 】

돼지고기 곱창	300g
술①	2큰술
배추	1/8개
무	1/4개
당근	1/2개
우엉	1/2개
술②	2큰술
맛술	2큰술
된장	2큰술
대파	1/2개
소금①	1/4작은술
소금②	1/4작은술

1. 냄비에 곱창, 술①, 잘박할 정도인 소량의 물을 넣고 중불로 가열한다. 끓으면 뚜껑을 덮고 약불에서 20분 더 끓인다. 뚜껑을 덮은 채로 냄비가 식을 때까지 그대로 둔다(여열조리). 체에 걸러 물기를 뺀다.
2. 배추는 사방 2cm로 썰고 무와 당근은 부채꼴로, 우엉은 2cm 길이로 자른다.
3. 냄비에 배추를 넣고 소금①을 뿌린다. 1의 곱창, 무, 당근, 우엉을 넣고 소금②를 뿌린 뒤 술②와 맛술을 빙 둘러 붓고 중불로 조절해 뚜껑을 덮는다.
4. 뚜껑 틈새로 김이 나오면 아주 약한 불로 1시간 가열한다. 뚜껑을 덮은 채로 냄비가 식을 때까지 그대로 둔다(여열조리).
5. 데울 때는 된장을 풀고 뚜껑을 덮지 않고 15분 조린다. 그릇에 담아 잘게 자른 파를 올린다.

흰쌀밥 짓는 법

【 재료 : 3컵 분량 】
쌀 ········· 3컵(종이컵 기준)
물 ················ 540ml

물을 사용합니다

밥을 짓는 데에도 편리한 스타우브. 정해진 분량대로 지으면 맛있는 밥이 완성됩니다. 보슬보슬하고 따끈따끈하게 지어져 아주 맛이 있습니다. 전기밥솥이 필요 없어질수도…?

【 스타우브 크기와 쌀의 분량 】
16cm ············· 1컵
18cm ············· 1~2컵
20cm ············· 2~3컵
22cm ············· 3~4컵
24cm ············· 4~5컵

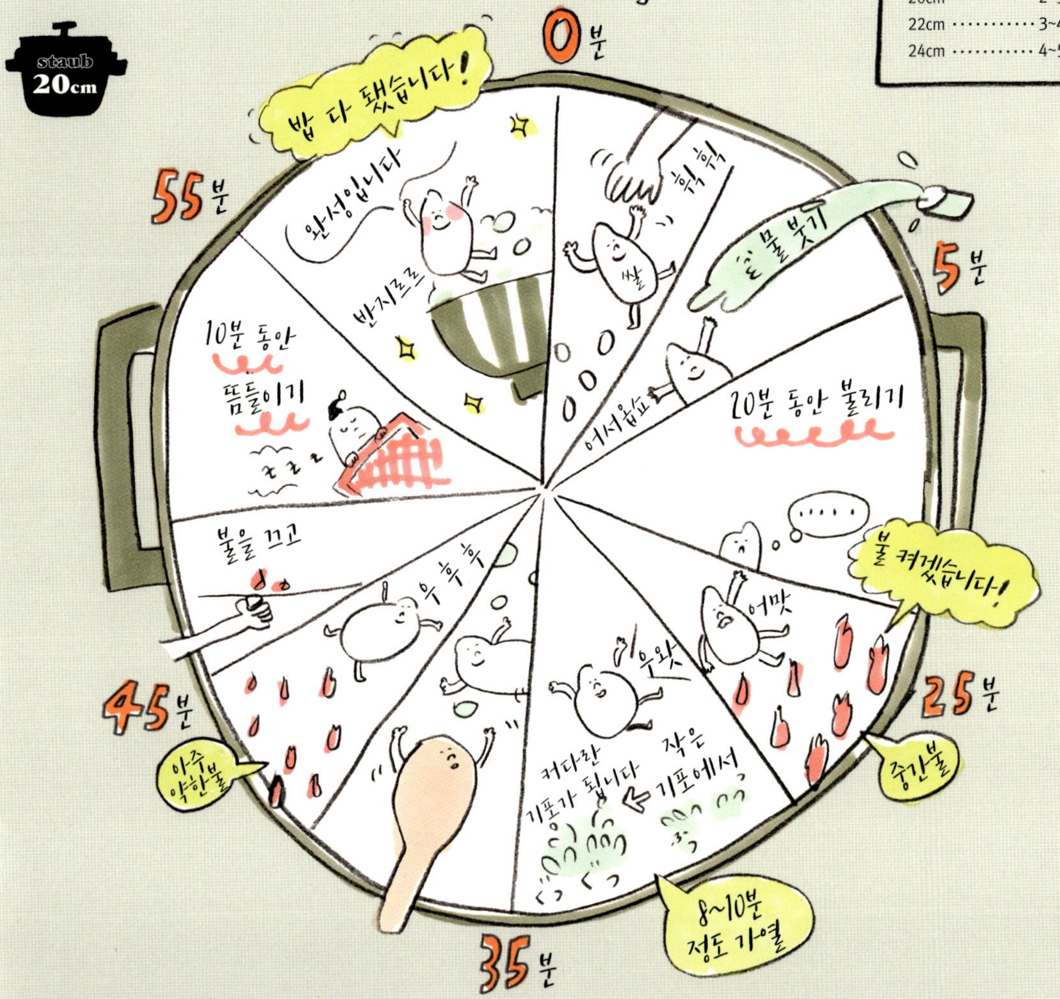

staub 20cm

0분 — 쌀 씻고 / 물 붓기
5분 — 20분 동안 불리기
25분 — 불 켜겠습니다! / 중간불
35분 — 8~10분 정도 가열 / 커다란 기포가 됩니다 / 작은 기포에서
45분 — 아주 약한 불 / 불을 끄고
55분 — 10분 동안 뜸들이기
밥 다 됐습니다! / 완성입니다 / 반지르르

1. 씻은 쌀과 물을 냄비에 넣고 20분 정도 불린다.
2. 중불로 가열한다(냄비 아래에서 불이 비어져 나오지 않는 정도).
   ☞ 뚜껑은 덮지 않는다.
3. 중심부까지 끓으면 주걱으로 전체를 뒤섞고 뚜껑을 덮어 아주 약한 불에서 10분간 가열한다.
4. 불을 끄고 뚜껑을 덮은 채로 10분간 뜸을 들인다.
   ☞ 흰쌀은 시간이 없을 때는 불리지 않아도 OK.
   ☞ 타키코미밥(고기, 생선, 야채 등의 재료를 쌀과 함께 지어서 만드는 밥)처럼 처음부터 양념을 넣는 경우에는 반드시 불려서 ③에서 한 차례 섞은 후에 쌀 위에 재료를 얹어 밥을 짓는다.

- ☞ 물의 양은 쌀 1컵당 180ml입니다.
- ☞ 지름 22cm 이상의 스타우브를 사용할 경우, 밥 짓는 시간을 13분 더 늘리면 더욱 맛있게 완성됩니다.
- ☞ 맛있는 밥을 지으려면 쌀과 물의 적정량을 잘 지켜주세요.

고기와 생선 요리

〔 소고기 〕

단시간에 찌는 요리에도, 오랜 시간이 걸리는 푹 삶는 요리에도 편리하게 사용할 수 있는 스타우브. 변화무쌍하면서 손님맞이에도 딱 맞는 소고기 요리를 소개합니다.

staub recipe 50 토마토 스키야키*

* 스키야키 : 얇게 썬 고기와 대파, 두부, 배추, 버섯 등의 재료를 넣고 간장과 설탕으로 만든 양념을 부어 자작하게 졸인 일본 나베 요리.

토마토를 넣어서 개운하게 만든 스키야키. 놀랄 만큼 육수가 듬뿍 나와 맛있는 국물에 우동면을 넣고 계란을 풀면 최고의 맛을 느낄 수 있습니다.

【 재료 : 4인분 】

스키야키용 소고기	300g
배추	1/4개
대파	1개
쑥갓	조금
팽이버섯	1팩(200g)
표고버섯	4개
토마토	2개(작은 것)
마늘	1쪽
구운 두부	1모
간장	3큰술
맛술	3큰술
올리브유	1큰술
소금	1/4작은술

1. 배추는 큼직하게 썰고 파는 어슷썰기, 토마토는 꼭지를 따고 둥근 모양으로 4등분한다. 마늘은 얇게 썰고, 쑥갓은 3등분 길이로 자른다. 팽이버섯은 더미를 풀고, 표고버섯은 머리 부분을 분리해 십자로 장식용 칼집을 넣는다. 소고기는 먹기 좋을 만큼의 크기로 썬다. 표면을 살짝 구운 두부는 8등분으로 자른다.
2. 냄비에 올리브유를 두르고 마늘을 약한 불에 익힌다. 배추, 파, 팽이버섯, 표고버섯, 토마토, 소고기(분량의 반)를 냄비에 넣고 소금을 골고루 뿌려준다. 간장과 맛술을 빙 두르고 ⓐ, 중불에 뚜껑을 덮어 가열한다.
3. 뚜껑 틈새로 김이 나오면 아주 약한 불에 3분간 가열한다. 남은 소고기, 구운 두부를 넣고 ⓑ 뚜껑을 덮는다. 뚜껑 틈새로 김이 나오면 불을 끈다. 소고기가 익으면 먹어도 좋다. 먹기 직전에 쑥갓을 올린다.

☞ 바닥이 깊지 않은 스타우브 전골냄비는 식탁에 두고 먹기 편해서 스키야키 냄비로도 안성맞춤. 뚝배기 대신 사용해도 좋다. 얕은 대신에 열기의 회전이 빨라 단시간에 조리해야 할 얇게 자른 고기나 생선을 조리할 때 편리.

staub recipe 51 로스트비프

익히는 정도를 맞추기 어려운 요리이지만, 스타우브의 무수조리로 여열조리 시간을 잘 지키기만 하면 맛있게 만들 수 있습니다. 소금으로 확실하게 밑간을 하는 것이 포인트. 남은 육즙은 소스로 활용합니다.

【 재료 : 4인분 】

소 넓적다리살(덩어리)	500g
소금	고기 무게의 1.2%
간장	2작은술
양파	1/2개
올리브유	1큰술
후추	조금

1. 소고기는 1시간 정도 실온에 두었다가 실로 감아 모양을 잡는다 ⓐ. 소금을 골고루 뿌려둔다.
2. 냄비에 올리브유를 두르고 중불로 달군 뒤 소고기를 넣고 전면을 굽는다 ⓑ. 뚜껑을 덮어 약불로 줄인 후 5분간 가열한다. 불을 끄고 고기를 뒤집은 뒤 뚜껑을 덮고 약불에서 5분간 가열한다.
3. 2를 꺼내어 알루미늄 호일로 싼 뒤 식을 때까지 그대로 둔다(여열조리) ⓒ.
4. 냄비에 남은 육즙에 간장과 양파를 갈아 넣고 중불에서 가열하며 소스를 만든다 ⓓ.
5. 3을 잘라서 그릇에 담고 4를 끼얹고 후추를 뿌린다.

☞ 식으면 알루미늄 호일에 싼 채로 지퍼백에 넣어 냉장고에서 식힌 후 자르면 얇게 썰어도 깔끔하게 자를 수 있다.
☞ 냉장고에서 이틀 정도 보존 가능.

응용 레시피로
더욱 맛있게

staub
recipe **52**   로스트비프 샐러드

고기의 선홍빛과 채소의 초록빛이 식탁을 다채롭게 합니다.
파티에 안성맞춤.

1. 로스트비프를 아주 얇게 썰어 그릇에 담는다. 씻어서 물기를 뺀 샐러드 채소를 올리고 소스를 끼얹는다. 흑후추나 굵은 소금 등을 뿌려도 좋다.

staub recipe 53 비프 스튜

오믈렛 소스로 활용해도 맛있는 스튜. 남은 소스는 냉동실에 보관합니다.
양지나 소 혀로 만들어도 좋습니다.

【 재료 : 4인분 】

사태	400g
양파	1개
당근	1개
셀러리	1/2개
레드와인	300ml
토마토 퓌레	200g
버터(유염)	30g
올리브유	1큰술
소금	2작은술
장식용 채소	기호대로
(데친 브로콜리, 삶은 감자 등)	

1. 채소는 1cm 깍둑썰기해서 소고기, 레드와인과 함께 지퍼백에 담아 냉장고에 하룻밤 보관한다 ⓐ.
2. 1을 체에 걸러 물기(레드와인)를 뺀다 ⓑ. 걸러진 와인은 한쪽에 잘 보관한다. 소고기만 골라서 키친타월로 물기를 닦아낸다.
3. 냄비에 올리브유를 두르고 중불로 가열하다가 희미하게 연기가 나면 소고기를 넣고 표면을 구운 뒤 꺼낸다 ⓒ.
4. 3의 냄비에 2의 채소를 넣고 양파가 투명해질 때까지 잘 볶는다 ⓓ. 구운 소고기를 다시 넣고 2의 와인과 토마토 퓌레를 넣어 ⓔ 가열하다가 끓으면 뚜껑을 덮고 아주 약한 불로 1시간 동안 푹 익힌다.
5. 불을 끄고 뚜껑을 덮은 채로 냄비가 식을 때까지 그대로 둔다(여열조리). 소고기를 꺼내고 남은 것들은 블렌더로 간다 ⓕ.
6. 소고기를 넣고 다시 중불에 가열한다. 버터와 소금을 넣고 뒤섞는다. 장식용 채소를 넣는다.

☞ 오븐으로 조리(p69)해도 좋다.
☞ 남은 소스는 냉동실에서 2~3주간 보존 가능.

튀김

staub recipe 54 닭튀김

뚜껑을 덮고 튀기면 스팀 효과가 있어 닭가슴살도 촉촉하게 완성됩니다.
안쪽까지 잘 익히고 싶거나 도톰하게 익히고 싶은 고기나 생선의 튀김에도 스타우브가 그만입니다.

[튀기기 전의 준비과정]

1
- 닭고기는 8등분으로 잘라 칼자루로 가볍게 두드린다. 볼에 담아 간장, 술, 생강, 소금을 넣고 주무른 뒤 전분을 묻힌다.
- 냄비에 올리브유를 붓고 중불로 달군다. 14cm 냄비라면 200ml 정도의 기름을 준비한다. 170~180℃로 달군다(연기가 희미하게 나면 가루를 떨어뜨려 보아서 바로 떠오를 정도).

2
닭고기를 넣고 재빨리 뚜껑을 덮는다. 톡톡 하는 소리가 나기까지 약 3분간 가열한다. 뚜껑 틈새로 김이 나면 불을 줄인다.

☞ 기름은 냄비의 1/3 정도 붓는다. 양이 너무 적으면 재료가 밑으로 가라앉고, 너무 많으면 재료를 넣고 뚜껑을 닫았을 때 기름이 넘칠 수 있다.

☞ 냄비에 넣는 재료의 양은 서로 달라붙지 않을 정도가 적당하다.

두께가 있는 스타우브는 재료를 넣어도 기름의 온도가 내려가지 않아 바삭하게 튀길 수 있습니다.
깊이도 깊어 기름이 밖으로 튀지 않아서 주방이 더러워질 염려도 없습니다.
작은 스타우브를 사용하면 기름을 적게 써도 되니 매번 새 기름을 사용해도 부담이 적습니다.

【 재료 : 약 8개 분량 】

닭가슴살 ······················· 약300g	소금 ······························ 조금
간장 ······························ 1큰술	전분 ···························· 적당량
술 ·································· 1큰술	올리브유(튀김용) ············· 200ml
생강(간 것) ······················· 1쪽	

3 소리가 잦아들면 재료를 뒤집는다. 뚜껑을 열 때 안쪽에 붙은 물방울이 냄비에 떨어지지 않도록 뚜껑을 재빨리 치운다. 중불에서 닭고기를 뒤집고, 뚜껑을 연 채로 3분 정도 튀긴다.

4 표면이 바삭하게 구워져 노릇해지면 기름을 털어내고 꺼낸다.

☞ 기름이 적으면 도중에 더 붓는다. 여러 번 튀기다 보면 기름이 줄어들어 온도가 올라가 연기가 많이 날 수 있으므로 주의한다.

☞ 뚜껑은 젖은 행주 위에 올려두는 것이 좋다.

☞ 오래된 기름을 여러 번 사용하면 거품이 생겨서 끓어 넘치는 경우가 있다. 새로운 기름으로 튀기면 맛있게 튀길 수 있다.

staub recipe 55
프라이드 포테이토

상온의 기름에 감자를 넣어 튀기는 방식으로,
기름을 데우는 김에 완성해보았습니다.
쏙 집어넣기만 하면 되는, 아주 간단한 요리입니다.

【 재료 : 2인분 】
감자	3개
올리브유(튀김용)	200ml
소금	조금

1. 감자는 깨끗이 씻어 배 모양으로 자른다.
2. 냄비에 기름을 붓고 물기를 뺀 감자를 한 개씩 넣는다. 뚜껑을 덮고 중불로 10분 정도 가열한다. 뚜껑 틈새로 김이 나오면 약불로 줄인다.
3. 뚜껑을 재빨리 열고 중불로 다시 조절한다. 위아래를 뒤섞어 전체가 노릇하게 될 때까지 튀긴다. 꺼내서 기름을 빼고 뜨거울 때 소금을 뿌린다.

☞ 상온의 기름에 감자를 넣고 불을 서서히 올려서 튀기면 감자가 아주 단맛이 난다. 달궈진 기름에도 같은 방법으로 튀길 수 있다.

staub recipe 56
고구마 시나몬 슈거

프라이드 포테이토와 같은 순서로 만드는 또 하나의 요리.
감자 대신 고구마로 재료만 바꿔서 튀긴 후 설탕을 뿌리면
수제 과자가 완성됩니다.

【 재료 : 2인분 】
고구마	1개(약200g)
올리브유(튀김용)	200ml
시나몬파우더	1/2작은술
황설탕	1작은술

1. 고구마는 두께가 사방 1cm, 길이 5cm로 잘라 물에 담갔다가 꺼내 키친타월로 물기를 잘 닦는다.
2. 냄비에 기름을 붓고 물기를 뺀 고구마를 한 개씩 넣는다. 뚜껑을 덮고 중불로 10분 정도 가열한다. 뚜껑 틈새로 김이 나오면 약불로 줄인다.
3. 뚜껑을 재빨리 열고 중불로 다시 조절한다. 위아래를 뒤섞어 전체가 노릇하게 될 때까지 튀긴다. 꺼내서 기름을 빼고 뜨거울 때 시나몬파우더와 황설탕을 뿌린다.

staub recipe 57

야채튀김

두툼한 야채튀김을 집에서 만들고 싶어서 생각해낸 레시피입니다.
놀랄 만큼 볼륨감이 있습니다. 쑥갓이나 고수만으로 만드는 야채튀김도 맛있습니다.
맛있는 소금을 곁들여서 즐겨보시기를.

【 재료 : 4개분 】

고구마	1개(약 200g)
양파	1개(약 200g)
새우	10g
계란	1개
식초	2작은술
냉수	150ml
박력분	150g
베이킹파우더	1작은술
올리브유(튀김용)	200ml

1. 고구마는 막대 모양으로 자르고 양파는 얇게 썬다. 야채와 새우를 함께 그릇에 담아 박력분(2큰술)을 묻힌다. 냄비에 기름을 붓고 희미한 연기가 날 때까지 중불로 달군다.

2. 볼에 계란, 식초, 냉수를 넣고 잘 저은 뒤 박력분, 베이킹파우더를 넣고 가볍게 섞는다(덩어리를 없애려고 마구 젓지 않는다). 야채와 새우를 넣고 뒤섞는다 ⓑ.

3. 1의 기름에 2의 1/4을 넣는다. 젓가락으로 중앙에 구멍을 뚫은 후 ⓒ, 재빨리 뚜껑을 덮어 5분간 가열한다. 뚜껑 틈새로 김이 나면 약불로 줄인다.

4. 뚜껑을 열고 중불로 올린다. 중앙의 구멍에 젓가락을 꽂아 들어 올릴 수 있을 때까지 가열하다가 뒤집는다 ⓓ.

5. 뚜껑을 연 채로 3분 정도 더 튀기다가 표면이 바삭하고 전체적으로 노릇해지면 꺼내어 기름을 빼준다 ⓔ.

☞ 4에서 들어 올려서 부서져 버리면 뚜껑을 연 채로 중불에서 더 가열한다.

고기와 생선 요리

〖 어패류 〗

어려워 보이는 어패류 요리도 스타우브로 하면 신기하게도 간단히 만들 수 있습니다.
생선 요리는 뜨거울 때 집어넣어서 재빨리 익혀야 비린내가 나지 않습니다.

staub recipe 58 무수 생선찜

원래는 물과 화이트와인을 넣지만 스타우브로는 물 없이도 조리가 가능합니다.
생선의 감칠맛이 농축된 육수에 파스타나 밥을 곁들여도 그만입니다.

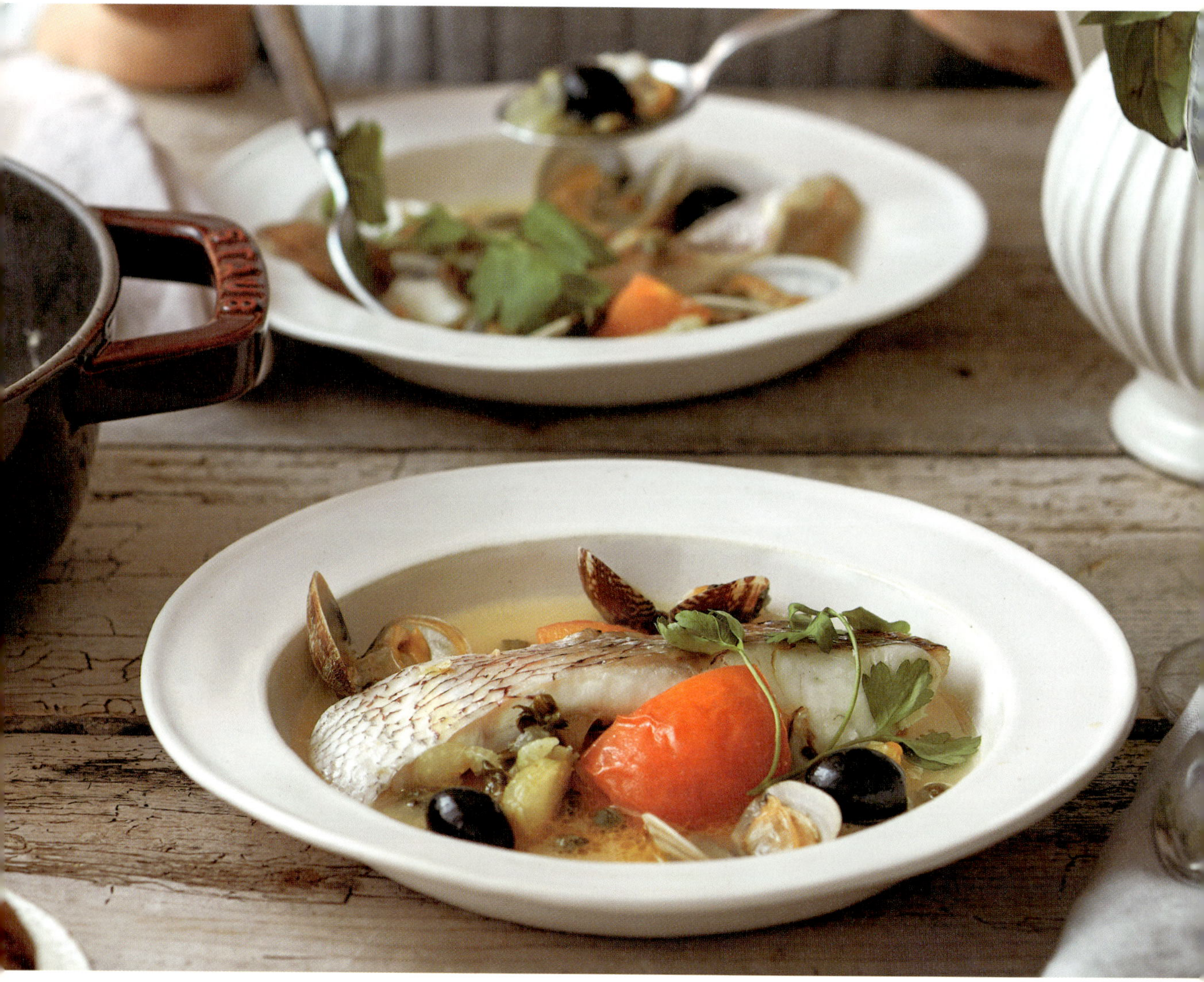

【 재료 : 4인분 】

생선토막	4토막
(도미, 농어, 방어, 대구 등 좋아하는 생선으로)	
조개	1팩(약 300g)
토마토	1개
셀러리	1개
마늘	1쪽
케이퍼	1큰술
씨를 뺀 올리브	8개
올리브유	1큰술
엑스트라버진 올리브유	1큰술
소금	1작은술
이탈리안 파슬리	조금

1 토마토는 3cm 크기로 자르고 셀러리는 얇게, 마늘은 잘게 썬다. 조개는 소금물에 해감을 하고, 생선은 소금을 뿌린다.

2 냄비에 올리브유를 두르고 마늘을 넣어 약불에 익힌다. 향이 나기 시작하면 조개를 넣고 중불에 가열하다가 셀러리를 넣고 가볍게 섞는다 ⓐ. 생선을 올리고 토마토, 케이퍼, 올리브를 주위에 휙 뿌리듯 넣은 뒤 재빨리 뚜껑을 덮는다.

3 뚜껑 틈새로 김이 나면 아주 약한 불에 3분간 가열한다. 국물이 충분히 나오면 ⓑ, 엑스트라버진 올리브유를 넣는다. 그릇에 담아 이탈리안 파슬리로 장식한다.

☞ 조개의 모래는 50℃의 물에 30분 정도 담가두면 빨리 빠져나간다.

☞ 생선 한 마리를 통째로 쓰려면 배에 십자 모양의 칼집을 넣고 양면에 소금을 골고루 뿌린다. 찌는 시간은 10분 정도(크기에 따라).

육수 활용하기

staub recipe 59

남은 국물에 넣기만 하면 끝.
최고의 음식이 간단하게 완성됩니다.

1 남은 육수에 삶은 스파게티나 밥을 넣고 소금, 후추로 간을 한다. 이탈리안 파슬리로 장식한다.

staub recipe 60 오징어와 가다랑어 아히요*

손님맞이 단골 메뉴도 스타우브로 간단하게 만들 수 있습니다.
새우나 가리비, 닭고기로도 맛있게 요리할 수 있으니 시험 삼아 만들어보기를 권합니다.

【 재료 : 4인분 】

- 오징어 ·················· 1마리
- 가다랑어 ················ 1덩어리
- 마늘 ···················· 2쪽
- 고추 ···················· 2개
- 로즈마리 ················ 2줄기
- 양송이버섯 ·············· 2팩
- 올리브유 ················ 100ml
- 소금 ···················· 1작은술

1. 오징어는 손질한 뒤 2cm 크기로, 가다랑어도 2cm 크기로 자른다. 양송이는 4등분으로, 마늘은 반으로 자른다. 고추는 씨를 빼둔다.
2. 냄비에 올리브유, 로즈마리, 마늘, 고추를 넣고 약불에 가열한다. 향이 나면 중불로 올리고 오징어, 가다랑어, 양송이를 넣고 소금을 뿌린 뒤 뚜껑을 덮는다.
3. 뚜껑 틈새로 김이 나오면 불을 끄고 한 차례 섞어서 뚜껑을 덮은 뒤 5분 정도 그대로 둔다(여열조리). 소금(조금)으로 간을 한다.

☞ 오징어와 가다랑어는 너무 익히면 딱딱해지므로 여열로 익힌다.
☞ 데친 브로콜리나 허브를 올리면 더욱 근사한 요리가 된다.

* 아히요(ajillo) : 스페인식 마늘소스 또는 마늘소스를 이용한 요리. 새우와 해산물을 마늘소스로 요리한 감바스 알 아히요가 대표적.

staub recipe **61**
새우 비스크

staub recipe **62**
연어와 버섯 차우더

* 비스크(bisque) : 갑각류나 조개류를 갈아서 만든 걸쭉한 크림수프.

staub recipe 61 새우 비스크*

새우의 감칠맛이 가득한 손님맞이용 수프.
우유 양을 줄이면 파스타 소스로도 쓸 수 있습니다. 꽃게로 만들어도 맛있습니다.

【 재료 : 4인분 】

새우	4마리
양파	2개(작은 것)
셀러리	1개
마늘	1쪽
파프리카 파우더	1/2작은술
토마토 페이스트	1큰술(18g)
우유	300ml
생크림	200ml
소금	1/2작은술

☞ 파프리카 파우더가 없을 경우에는 칠리 파우더나 강황으로 대신해도 좋다.

1. 새우는 씻어서 키친타월로 물기를 닦는다. 양파, 셀러리, 마늘은 얇게 썬다.
2. 냄비에 올리브유를 두르고 중불로 달군 뒤 새우를 넣고 양면을 잘 구운 다음 냄비에서 꺼낸다 ⓐ. 그 냄비에 양파, 셀러리, 마늘을 넣고 가볍게 볶다가 파프리카 파우더를 뿌리고 토마토 페이스트를 넣는다. 새우를 다시 넣고 소금을 골고루 뿌린 다음 전체를 한 번 뒤섞고 뚜껑을 닫는다.
3. 뚜껑 틈새로 김이 나오면 아주 약한 불에서 10분간 가열한다. 블렌더에 국물 ⓑ, 우유, 생크림, 껍질을 벗긴 새우를 함께 넣고 갈아준다 ⓒ. 냄비에 다시 부어 데우고 소금(조금)으로 간을 한다. 그릇에 담아 파프리카 파우더(조금)를 뿌린다.

staub recipe 62
연어와 버섯 차우더*

연어와 조개, 채소의 감칠맛이 가득한 클램차우더.
두유를 사용해 건강에 더욱 좋습니다.

【 재료 : 4인분 】

양파	1개
당근	1개
만가닥버섯	1팩(약100g)
조개	300g
연어	2토막
두유(무첨가)	400ml
버터	50g
박력분(또는 쌀가루)	2큰술
올리브유	1큰술
소금	1/4작은술
소금, 후추	조금씩

1. 양파, 당근은 1cm 크기로, 연어는 2cm 크기로 자른다. 만가닥버섯은 뭉친 더미를 잘 풀어둔다. 조개는 소금물에 담가 해감을 한다.
2. 냄비에 올리브유를 두르고 중불로 가열한 뒤 양파와 당근을 볶는다. 버섯을 넣고 소금을 뿌린 뒤 뚜껑을 덮는다.
3. 뚜껑 틈새로 김이 나오면 조개와 연어를 넣고 한 차례 섞은 뒤 뚜껑을 닫는다.
4. 다시 뚜껑 틈새로 김이 나오면 아주 약한 불에서 5분간 가열한다.
5. 버터는 전자레인지에서 녹여 박력분과 섞는다.
6. ④에 두유를 넣고 중불로 가열한다. 김이 오르면 ⑤를 넣고 ⓐ, 걸쭉해질 때까지 끓인다. 소금, 후추로 간을 맞춘다.

☞ 두유는 끓어오르면 분리되는 성질이 있어 김이 나는 정도로만 데운다.

✽ 차우더(chowder) : 생선이나 조개 등 어패류와 채소로 만든 걸쭉한 수프.

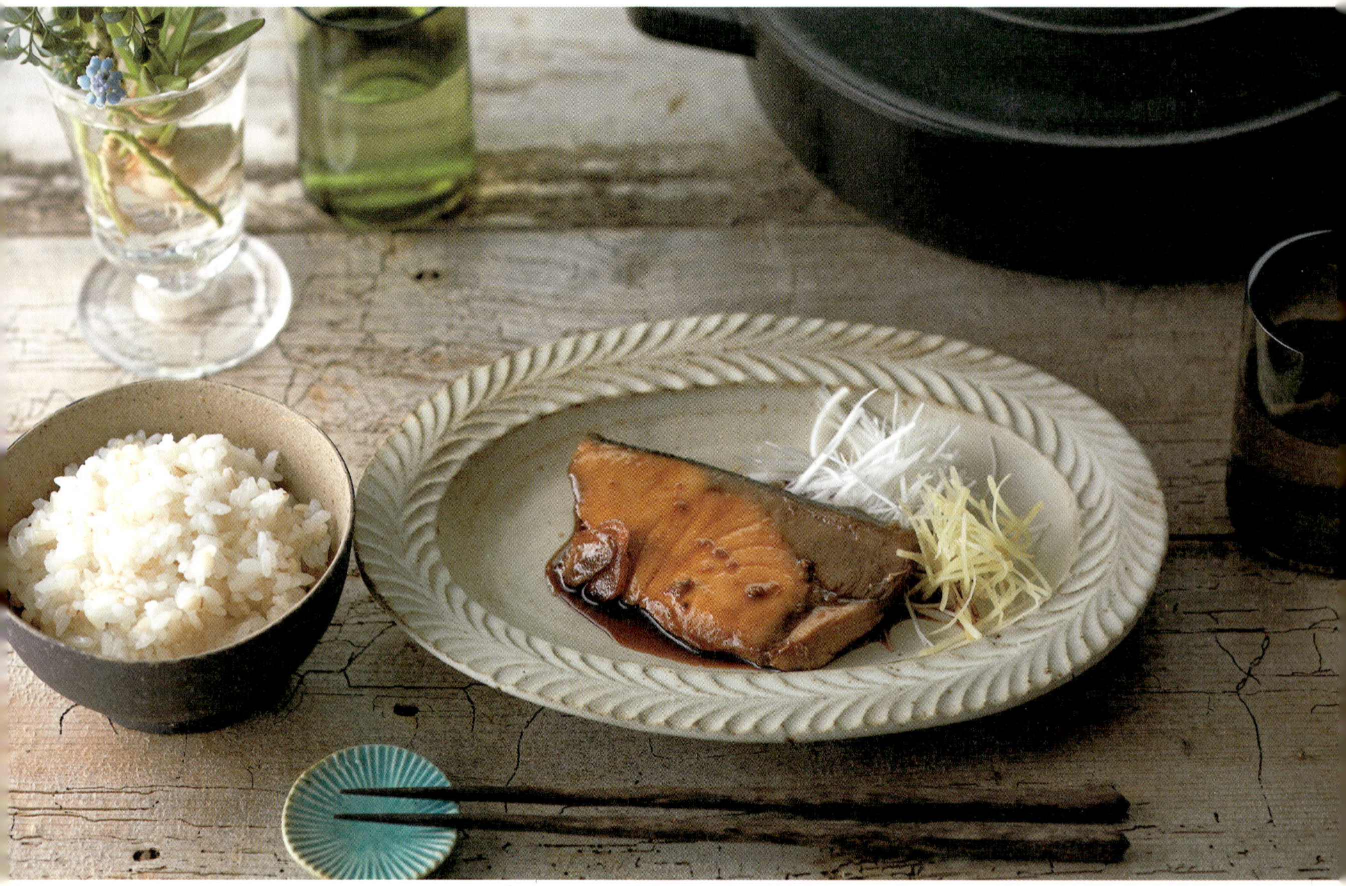

staub recipe 63 방어 조림

생선은 너무 익히면 단단해지므로 스타우브로 재빨리 찌는 것이 좋습니다.
깊이가 얕은 스타우브는 열기의 회전이 빨라 생선요리에 적합합니다.

【 재료 : 4인분 】

방어	4토막
간장	2큰술
맛술	2큰술
술	2큰술
생강	1쪽
생강·흰 파(채썬 것)	적당량

1. 생강은 얇게 썬다.
2. 냄비에 간장, 맛술, 술, 생강을 넣고 중불에서 볶다가 방어를 넣고 뚜껑을 닫는다.
3. 뚜껑 틈새로 김이 나오면 방어를 뒤집고 뚜껑을 연 채로 1분간 가열한다.
4. 방어를 그릇에 담고 국물은 중불에서 조린 다음 방어에 붓는다. 채 썬 생강과 흰 파를 곁들여낸다.

☞ 24cm 꼬꼬떼에서 만들 경우에는 ③에서 김이 나오기를 기다리지 말고 중불에서 5분 정도 가열한다. 뚜껑을 열고 뒤집은 다음부터는 같은 순서로 조리한다.
20cm를 사용하는 경우에는 2토막이 적당하다.

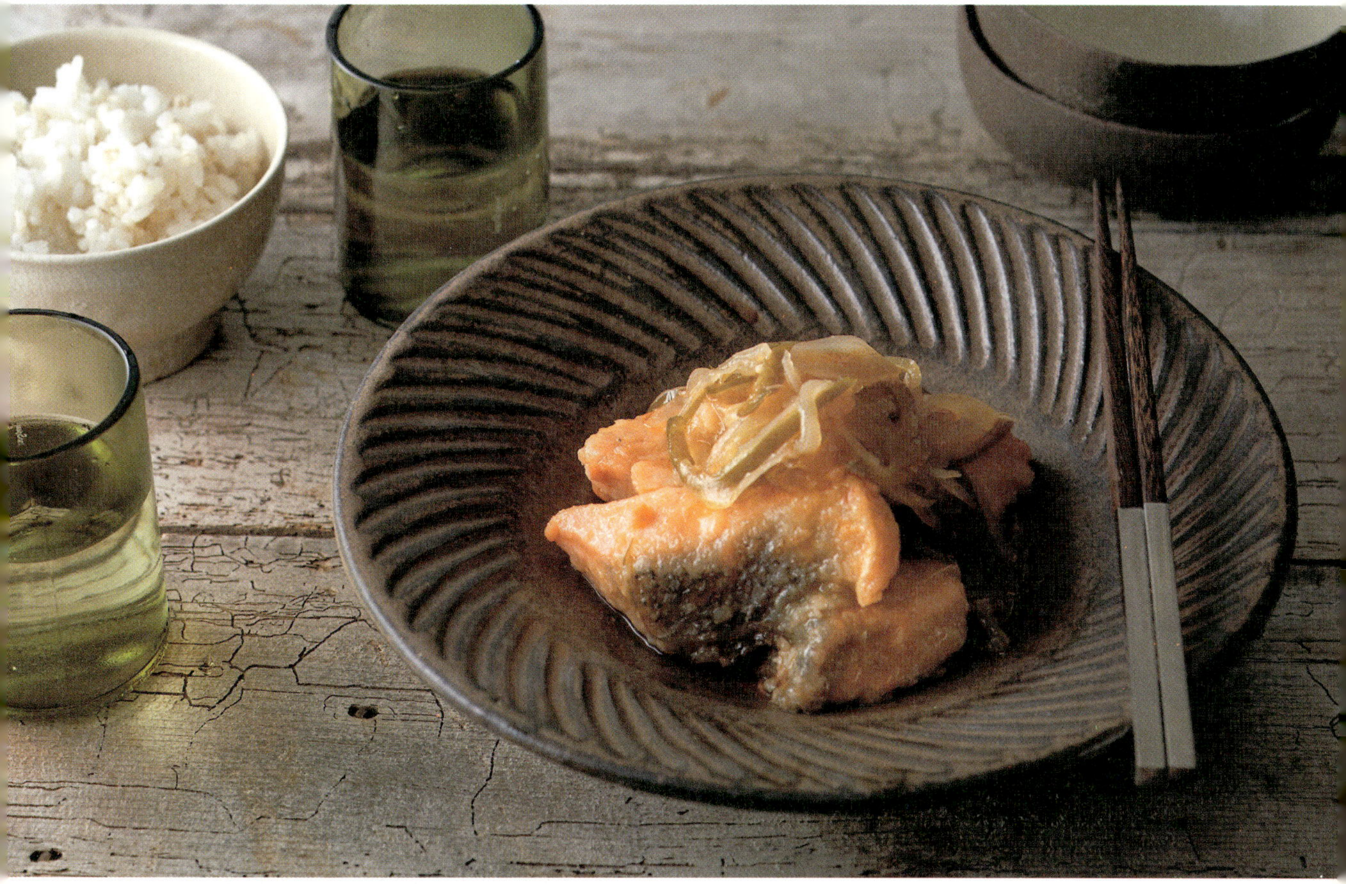

staub recipe 64 연어 초절임 데리야키

연어를 먼저 구워 일단 덜어둔 다음 채소를 볶고, 다시 연어와 함께 익힙니다.
연어에 묻은 밀가루가 걸쭉해져서 연어의 볼륨감이 살아납니다.

【 재료 : 4인분 】

생연어	4토막
양파	1개
피망	2개
A	
맛술	2큰술
케첩	1큰술
식초	2작은술
황설탕	2작은술
올리브유	2큰술
박력분	1큰술
소금	1작은술

1. 연어는 뼈를 발라 2등분해서 소금을 뿌리고 박력분을 발라둔다. 양파, 피망은 얇게 썬다. A를 섞어둔다.
2. 냄비에 올리브유를 두르고 중불로 달구다가 희미하게 연기가 나면 1의 연어를 넣고 양면을 살짝 굽는다. 일단 꺼내둔다.
3. 2의 냄비에 양파와 피망을 넣고 살짝 볶는다. 구워 둔 연어를 다시 냄비에 넣고 A를 부어 섞은 다음 뚜껑을 덮는다.
4. 뚜껑 틈새로 김이 나오면 아주 약한 불로 3분간 가열한다. 소금(조금)으로 간을 맞춘다.

staub recipe 65 정어리 흑초 조림

흑초와 간장으로 조리면 뼈까지 연해집니다.
24cm 꼬꼬때로도 만들 수 있습니다.

【 재료 : 4인분 】

정어리 ·············· 6마리
흑초 ·············· 50ml
맛술 ·············· 2큰술
술 ·············· 2큰술
간장 ·············· 2큰술

1. 정어리는 비늘을 제거하고 머리, 지느러미, 꼬리를 잘라낸 뒤 배를 갈라 내장을 꺼내 씻는다. 몸통을 절반 길이로 자른다 ⓐ.
2. 냄비에 흑초, 맛술, 술을 넣고 중불로 가열한다. 끓으면 1을 넣고 ⓑ 뚜껑을 덮는다.
3. 뚜껑 틈새로 김이 나오면 아주 약한 불로 30분간 가열한다. 뒤집고 나서 불을 끄고 뚜껑을 덮어 30분 정도 그대로 둔다(여열조리).
4. 중불로 올리고 3을 다시 반복한다.
5. 간장을 넣고 뚜껑을 연 채로 약불에서 조린다. 그릇에 담아낸다.

STAUB 조림요리

뼈째 먹고 싶은 정어리나 꽁치, 연하게 만들고 싶은 소 힘줄, 소 혀, 삼겹살, 돼지갈비는 여열조리 한 후에 다시 익히고, 또다시 여열조리를 반복하면 더욱 부드러워집니다. 계속 불을 가열하는 것이 아니어서 연료비 절약 효과도 있습니다.

카레

staub recipe 66 스파이스 치킨카레

재료는 닭고기, 채소, 향신료, 소금, 두유, 기름뿐.
감칠맛은 있지만 텁텁하지 않은, 무수의 효과를 느낄 수 있는 카레입니다.

【 재료 : 4~6인분 】

닭다리살 ········· 2개분	믹스 스파이스 ········· 3큰술
양파 ············· 4~5개	(하단 설명 참조. 카레로 대신할 수 있음)
당근 ··············· 1개	두유(무첨가) ········· 300ml
셀러리 ·············· 1개	소금② ··········· 1/2작은술
감자 ··············· 2개	사나몬파우더 ········· 2작은술
사과 ············· 1/2개	가람마살라 ········ 1/2작은술
소금① ········· 1작은술	소금③ ··········· 1/2작은술
올리브유 ·········· 1큰술	장식용 채소 ········· 기호대로

☞ 두유를 넣으면 오래 두고 먹을 수 없으므로 먹기 직전에 넣는다.
  다 먹지 못했을 때에는 두유를 넣기 전의 상태로 보존용기에 담아 랩을 씌우면
  냉장고에서 2~3일간 보존 가능하다. 두유를 넣지 않고 그대로 먹어도 좋다.
☞ 식으면 걸쭉해지므로 데울 때에는 작은 냄비에 덜어 두유를 조금 넣어
  잘 저은 다음 가열한다. 타기 쉬우므로 저어가며 데운다.
☞ 완성된 요리에 버터 10g을 넣고 버터 치킨카레로 만들어도 좋다.

◎ 믹스 스파이스 만드는 법

• 오른쪽 4종류의 스파이스를 섞어서 사용한다. 카레가루를 사용하거나 취향대로 아래의 스파이스를 혼합해서 사용해도 좋다.

> 코리앤더, 생강, 레드페퍼, 올스파이스, 칠리파우더, 카옌페퍼 등

☞ 레드페퍼, 카옌페퍼는 매우니 주의할 것.

• 사나몬파우더와 가람마살라는 완성된 요리에도 뿌릴 수 있으므로 많은 양을 준비해두는 것이 좋다.

강황

커민

시나몬파우더

가람마살라

갸반 (Gaban)
[수제 카레가루 세트]

20종류의 스파이스가 작은 봉지에 들어있는 세트. 설명서대로 전부 섞어서 3큰술을 사용해도 좋다.

다양한 향신료를 배합하면 상승효과로 맛이 더욱 좋아집니다.
본격적인 카레의 맛을 느낄 수 있습니다.

1 양파는 결과 직각으로 얇게 썰고, 당근과 셀러리도 얇게 썬다. 사과는 껍질을 벗겨 갈아둔다. 닭고기는 6등분하고 소금①을 뿌린다. 냄비에 올리브유를 두르고 중불로 달군 뒤 양파를 볶는다. 투명해질 때까지 볶다가 당근과 셀러리를 넣고 숨이 죽을 때까지 볶는다.

2 믹스 스파이스와 닭고기를 넣고 향이 날 때까지 볶는다. 사과를 넣고 전체를 섞어 소금②를 뿌리고 뚜껑을 덮는다. 뚜껑의 틈새로 김이 나오면 아주 약한 불로 40분간 익힌다.

3 사진처럼 국물이 나오면 불을 끄고 뚜껑을 덮은 채로 30분 이상, 식을 때까지 그대로 둔다(여열조리).

4 중불로 올리고 껍질을 벗겨서 갈은 감자를 넣어 걸쭉해질 때까지 2~3분 저어가며 조린다.

☞ 걸쭉해지고 나서 푹 익히려고 하면 타기 쉬우므로, 푹 익히고 싶을 경우에는 ②에서 더욱 길게 조리한다.

5 닭고기를 꺼내고 두유를 붓는다.

6 블렌더로 곱게 간다. 시나몬파우더, 가람마살라, 소금③을 넣고 전체를 뒤섞는다. 닭고기를 다시 넣고 데운다. 그릇에 담고 입맛에 따라 장식용 채소를 곁들인다.

staub recipe **66**
스파이스
치킨카레

staub recipe **69**
그린 카레

staub recipe **68**
규스지 토마토 카레

staub recipe **67**
포크 카레

staub recipe 67

포크 카레

강황을 많이 넣어서
노랗게 완성되었습니다.
바쁠 때는 다진 고기나
잘게 썬 고기로 만듭니다.
콩을 넣어도 잘 어울립니다.

【 재료 : 4~6인분 】
* 스파이스 치킨카레(레시피 66)의 재료와 만드는 방법 참조.

1. 스파이스 치킨카레 레시피에서 닭다리살 대신에 돼지고기(300g)를 카레용 크기로 썰어 똑같은 방법으로 만든다. ②의 익히는 시간을 1시간으로 잡고, 완성된 요리에 시나몬 대신 강황과 가람마살라(각 1작은술)를 넣는다. 그 외의 과정은 치킨카레의 레시피와 같다. 입맛대로 밥 위에 커민씨드를 조금 뿌린다.

* 스지 : 소의 힘줄과 연골

【 재료 : 4~6인분 】

스지*	300g
양파	4~5개
당근	1개
셀러리	1개
토마토	2개
술	2큰술
올리브유	1큰술
믹스 스파이스(p92 참조)	3큰술
칠리 파우더	1작은술
파프리카 파우더	1작은술
소금①	1/2작은술
소금②	약 1과1/2작은술

staub recipe 68
규스지 토마토 카레

토마토가 들어간 빨간 카레. 매운 음식을 좋아하는 분은 카엔페퍼나 레드페퍼를 더해도 좋습니다.

1. 양파는 결과 직각으로 얇게 썰고 당근, 셀러리도 얇게 썬다. 토마토는 1cm 크기로 깍둑썰기한다.
2. 스지를 3cm 크기로 잘라 냄비에 넣고 고기가 잠길 정도의 물을 부은 후 술 2큰술을 넣는다. 중불로 가열해 끓으면 뚜껑을 닫는다. 약불에서 40분간 익힌 다음 불을 끄고 뚜껑을 덮은 채로 식힌다. 식으면 체에 걸러둔다.
3. 냄비에 올리브유를 두르고 중불로 달군 후 양파, 당근, 셀러리를 볶는다. 숨이 죽으면 스파이스를 넣고 골고루 볶는다. 2와 토마토를 넣고 소금①을 뿌려서 전체를 고루 섞은 뒤 뚜껑을 덮는다.
4. 뚜껑 틈새로 김이 나오면 아주 약한 불에 1시간 가열한다.
5. 불을 끄고 뚜껑을 덮은 채로 냄비가 식을 때까지 그대로 둔다(여열조리). 칠리 파우더, 파프리카 파우더, 소금②를 넣는다. 그릇에 담아 밥 위에 파프리카 파우더를 뿌려 낸다.

staub recipe 69
그린 카레*

코코넛 밀크를 쓰지 않고 코코넛 오일로 만들었습니다. 물을 넣지 않아도 가지나 피망에서 많은 수분이 나옵니다. 매운맛은 그린 카레 페이스트의 양으로 조절해 주세요.

【 재료 : 4~6인분 】

그린 카레 페이스트	2작은술
보리새우	1큰술
소금①	1/2작은술
코리앤더 파우더	1작은술
커민 파우더	1작은술
코코넛 오일	2큰술
양파	3개
닭다리살	2개분
소금②	1/2작은술
가지	2개
피망	4개
감자	2개
남플라	1큰술
황설탕	1큰술

1. 양파는 결과 직각으로 얇게 썰고 닭고기는 6등분해서 소금①을 뿌린다.
2. 가지는 큼직하게 마구썰기 하고 피망은 4등분으로, 감자는 3cm 크기로 깍둑썰기한다.
3. 냄비에 코코넛 오일을 두르고 중불로 달군 뒤 그린 카레 페이스트, 보리새우, 코리앤더 파우더, 커민 파우더를 넣어서 볶는다. 향이 나면 양파를 넣고 가볍게 볶다가 닭고기, 가지, 피망, 감자를 넣어 소금②를 뿌리고 전체를 뒤섞어 뚜껑을 덮는다.
4. 뚜껑 틈새로 김이 나오면 아주 약한 불로 40분간 가열한다. 불을 끄고 뚜껑을 덮은 채로 30분 정도 그대로 둔다(여열조리). 남플라, 황설탕을 뿌리고 그릇에 담아 밥 위에 고수로 장식한다.

* 그린 카레 : 태국식 카레의 일종. 풋새눈고추를 넣어 만든 카레 페이스트로 만들어 초록색을 띤다.

훈제 조리

staub recipe 70 훈제 치킨

소금에 절여서 하룻밤, 훈제하고 또 하룻밤. 시간은 꽤 걸리지만 닭가슴살이 촉촉하고 맛있게 만들어집니다. 물론 닭다리살로 만들어도 좋습니다.

【 재료 : 만들기 쉬운 분량 】
- 닭가슴살 ·················· 2개분
- 황설탕 ···················· 2큰술
- 소금 ······················ 2작은술
- 훈연칩 ···················· 30g
- 설탕(백설탕도 가능) ······· 1큰술

【 준비 】
닭고기에 황설탕과 소금을 뿌리고 랩으로 싸서 지퍼백에 담아 냉장고에 1~2일간 보관한다.

1. 냄비에 알루미늄 호일을 깔고, 훈연칩과 설탕을 넣어 가볍게 섞는다.

2. 닭고기의 수분을 키친타월로 잘 닦아내고, 오븐 시트를 깔아서 1의 냄비에 넣는다. 뚜껑을 살짝 엇갈리게 올리고 중불로 가열한다.

3. 희미한 연기가 나면 뚜껑을 잘 맞춰 덮고 10분 정도 가열한다.

◎ 훈연칩에 대하여

- 벚나무 칩은 어떤 식재료와도 잘 맞아 권장할 만합니다.
- 훈연칩은 연기가 잘만 나온다면 몇 번이고 사용할 수 있습니다. 연기가 나지 않을 때에는 타고 남은 재에 설탕과 훈연칩 섞은 것을 조금 흩뿌리면 다시 연기가 나게 됩니다.
- 훈연칩의 재를 버릴 때는 화재의 원인이 될 수 있으므로 반드시 물을 뿌린 다음 버려주세요.

연기를 완벽하게 밀폐시킬 수 있는 스타우브라면 집에서도 훈제요리를 만들 수 있습니다.
소금 절임, 소금기 빼기, 건조, 훈제…라는, 시간과 절차가 복잡하다는 선입견이 있었기에
집에서도 간단히 만들 수 있는 레시피를 고안해냈습니다. 냉동 보관하면 급한 손님맞이에도 요긴하게 쓰입니다.

 훈제 만들 때 주의할 점

- 뚜껑을 열었을 때 연기와 향이 나옵니다(보통의 냄비보다는 적지만). 아파트나 공용 주택이라면 이웃에게 피해가 갈 수 있으므로 주의하세요.
- 냄비가 매우 뜨겁습니다. 화상에 주의하세요.
- 외출복에 냄새가 밸 수 있으니 주의하세요.
- 냄비 안이나 뚜껑이 검게 더러워질 수 있습니다. 먼저 젖은 신문지나 종이타월 등으로 가볍게 닦아낸 후 스펀지와 중성세제로 문지르면 스펀지에 때가 남지 않고 말끔하게 씻깁니다.
- 여러 번 닦아내면 냄비에 남은 훈제 냄새가 없어집니다.

4 뚜껑을 열고 안을 들여다본 뒤 바로 덮는다. 안에서 연기가 모락모락 나면 불을 줄이고, 연기가 감도는 정도라면 화력을 그대로 두고 10분 정도 더 가열한다.

5 닭고기가 노릇해지면 불을 끄고 뚜껑을 덮은 채 20~30분 정도 그대로 둔다(여열조리). 젓가락 등으로 눌러서 탄력이 느껴지면 잘 익은 것으로 보면 된다.

6 남은 열을 식히고 지퍼백에 육즙까지 함께 담아 냉장실에서 식힌다.

☞ 열었다가 닫는 손놀림을 재빨리 하지 않으면 연기가 날아가 버리므로 주의한다.

☞ 뚜껑을 열었다가 닫았다가 하면서 공기가 순환되면 연기가 잘 피어난다.

☞ 냉장실에서 3~4일 보존 가능. ⑥에서 하룻밤 둔 후 하나씩 랩에 싸서 지퍼백에 담아 냉동실에 넣으면 2~3주간 보존 가능. 해동은 냉장실에서.

◎ 훈제에 적합한 식재료와 먹는 방법

- 처음 만들 때는 열빙어, 명란, 믹스너트 등 그대로 먹어도 좋은 마른 식재료가 좋습니다.
- 어묵이나 비엔나소시지, 삶은 메추리알 등은 키친타월로 물기를 잘 닦아낸 후 훈제해주세요.
- 처음에는 조리시간이 짧은 치즈나 건조식품, 그다음에는 고기나 생선 등 수분이 나올 만한 재료로 훈제하면 보다 효율적으로 조리할 수 있습니다.
- 훈제는 만들어서 바로 먹는 것보다도 식혀서 먹는 것이 맛있으므로, 냉장고에서 식힌 후 상온으로 먹을 것을 권합니다.

staub recipe 71
치즈

시판되는 보통의 치즈가
어느새 술안주로 변신.
훈제를 하는 사이에 치즈가 녹지 않도록
밑면의 포장을 남깁니다.

【 재료 : 만들기 쉬운 분량 】
치즈(카망베르 등) ················· 6조각
훈연칩 ······························ 30g
설탕 ······························· 1큰술

1. 치즈의 포장은 밑면을 남기고 벗긴다.
2. 냄비에 알루미늄 호일을 깔고, 훈연칩과 설탕을 넣어 가볍게 섞는다. 그 위에 오븐 시트를 깔고 1을 놓는다. 뚜껑을 살짝 엇갈리게 올려 중불로 가열한다.
3. 연기가 희미하게 오르면 뚜껑을 잘 닫는다. 한 번씩 뚜껑을 열어 상태를 체크하고, 연기가 모락모락 나면 불을 약하게 줄인다. 연기가 알맞게 오르고 그로부터 10분 정도 지나 노릇노릇하게 구워지면 완성.

staub recipe 72
메추리알

훈제를 하면 존재감이 살아납니다.
몇 개라도 먹을 수 있을 듯합니다.

1. * p98-99 훈제 치킨 만들기 참조.
삶은 메추리알(1팩)은 키친타월로 물기를 잘 닦아낸다. 알루미늄 호일을 냄비에 깔고, 훈연칩(30g)과 설탕(1큰술)을 넣어 가볍게 섞는다. 그 위에 오븐 시트를 깔고 메추리알을 들러붙지 않게 나란히 놓는다. 뚜껑을 조금 엇갈리게 닫고 중불로 가열한다. 희미한 연기가 오르면 뚜껑을 닫고 10분 정도 익힌다. 도중에 연기가 잘 나지 않으면 불을 조금 강하게 올리고 5~10분 정도 상태를 지켜보면서 가열한다. 노릇해지면 완성.

staub recipe 73
어묵

늘 먹던 어묵이 색다른 맛으로 재탄생합니다.
일본 술와 함께 곁들여 보시길.

1. * p98-99 훈제 치킨 만들기 참조.
어묵(원하는 양과 재료로)에 물기가 있다면 키친타월로 잘 닦는다. 알루미늄 호일을 냄비에 깔고, 훈연칩(30g)과 설탕(1큰술)을 넣어 가볍게 섞는다. 그 위에 오븐 시트를 깔고 어묵 덩이끼리 달라붙지 않도록 놓는다. 뚜껑을 조금 엇갈리게 닫고 중불로 가열한다. 희미한 연기가 나면 뚜껑을 닫고 5분 정도 익힌다.

☞ 어묵은 퍼석거리기 쉬우므로 5분 정도만 익히는 것이 좋다.

staub recipe 70
훈제치킨

staub recipe 74
소시지

데치고 볶는 것 이외의 조리법으로 만든 훈제 소시지는 유난히 맛이 있습니다.

1 ＊ p98-99 훈제 치킨 만들기 참조. 소시지(원하는 양만큼)는 물기가 있다면 키친타월로 잘 닦는다. 알루미늄 호일을 깔고 훈연칩(30g)과 설탕(1큰술)을 넣고 가볍게 볶는다. 그 위에 오븐 시트를 깔고 소시지가 달라붙지 않도록 놓는다. 뚜껑을 조금 엇갈리게 닫고 중불로 가열한다. 희미한 연기가 나면 뚜껑을 닫고 10분 정도 익힌다. 소시지는 색이 변하는 것을 알아보기 힘들지만 가열 시간은 10분 정도가 적당하다.

staub recipe 75
자반고등어

노릇한 색의 자반고등어는 술과 잘 어울립니다. 먹다 남으면 살을 발라서 파스타 소스를 곁들여 먹거나, 주먹밥의 속재료로 넣어도 맛있습니다.

【 재료 : 만들기 쉬운 분량 】
자반고등어 ·························· 2마리
훈연칩 ······························· 30g
설탕 ································ 1큰술

1 자반고등어는 키친타월로 물기를 닦는다. 지느러미가 있으면 떼어낸다.
2 냄비에 알루미늄 호일을 깔고, 훈연칩과 설탕을 넣어 가볍게 섞는다. 그 위에 오븐 시트를 깔고 1을 가지런히 놓는다. 뚜껑을 조금 엇갈리게 덮고 중불로 가열한다.
3 희미한 연기가 나면 뚜껑을 덮는다. 총 30분 정도 익히는데 그사이에 10분마다 뚜껑을 열고 연기의 상태를 체크한다(훈제 치킨의 순서 4를 참조).
4 식으면 냉장고에서 식히고, 뼈를 발라 자른다.

☞ 1개씩 랩에 싸서 지퍼백에 넣으면 냉동실에서 2~3주간 보존 가능. 해동은 냉장실에서.
☞ 식혀서 자르면 깔끔하게 잘리면서 뼈를 바르기도 쉽다.

staub recipe 76 수제 베이컨

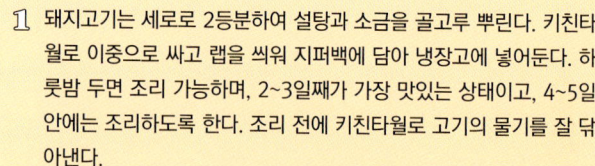

무첨가 베이컨을 집에서 만들 수 있습니다.
두툼하게 썰어 프라이팬에 굽기만 해도 손님맞이용으로 변신.
많은 양을 만들어 냉동해두고 활용하세요.

【 재료 : 만들기 쉬운 분량 】

삼겹살	1덩이(500g 전후)
소금	고기 무게의 1.3%
황설탕	소금 양의 두 배
훈연칩	30g
설탕	1큰술

☞ 냉장고에서 2~3일간 보존 가능하다. 4의 과정 후, 한 개씩 담거나 사용하기 쉬운 크기로 잘라 랩으로 싸서 지퍼백에 넣으면 냉동실에서 한 달간 보존 가능하다. 해동은 냉장실에서.

☞ 적당한 두께로 잘라 기름을 넣지 않고 노릇노릇하게 구워서 먹어도 맛있다.

1. 돼지고기는 세로로 2등분하여 설탕과 소금을 골고루 뿌린다. 키친타월로 이중으로 싸고 랩을 씌워 지퍼백에 담아 냉장고에 넣어둔다. 하룻밤 두면 조리 가능하며, 2~3일째가 가장 맛있는 상태이고, 4~5일 안에는 조리하도록 한다. 조리 전에 키친타월로 고기의 물기를 잘 닦아낸다.
2. 냄비에 알루미늄 호일을 깔고, 훈연칩과 설탕을 넣어 가볍게 섞는다. 그 위에 오븐 시트를 깔고 1을 가지런히 놓는다. 뚜껑을 살짝 엇갈리게 덮고 중불로 가열한다.
3. 희미한 연기가 나면 뚜껑을 잘 덮고 10분 간격으로 뚜껑을 열어 냄비 속 상태를 체크한 뒤 화력을 조절한다.
   · 10분 후 … 연기가 너무 많이 나면 약불로 줄인다.
   · 20분 후 … 고기를 뒤집는다 ⓐ.
   · 30분 후 … 연기가 너무 많이 나면 약불로 줄인다.
   · 40분 후 … 불을 끄고 식을 때까지 그대로 둔다 (여열조리).
4. 육즙과 함께 지퍼백에 담아 냉장실에서 하룻밤 재워둔다.

간식

어른 아이 할 것 없이 모두가 좋아하는 간식. 뚜껑을 덮은 채로 오븐에 넣을 수 있는
작은 크기의 스타우브는 푸딩이나 케이크를 만드는 데에도 편리합니다.

staub recipe 77 군고구마

서서히 열이 전달되는 스타우브는 군고구마를 만드는 데에도 최적입니다.
오븐에서 굽는 것도 추천합니다.

【재료 : 2인분】

고구마 ············ 2개(냄비에 들어갈 크기)

☞ 크기에 따라 익는 속도가 다르므로
　가열 시간을 잘 조절한다.
☞ 오븐 조리도 좋다. 중불에서 10분간
　가열한 다음 170℃의 오븐에서
　30분간 가열한다. 여열로 1시간 정도
　그대로 두면 맛있게 푹 익는다.

1. 고구마를 깨끗이 씻은 다음 알루미늄 호
　일에 싸서 냄비에 가지런히 넣는다 ⓐ.
2. 뚜껑을 덮고 중불에서 10분 가열한 뒤
　뒤집어서 약불에 30분간 익힌다. 불을
　끄고 다시 뒤집은 다음 여열에서 20분
　간 둔다. 꼬챙이로 찔러서 쑥 들어가면
　완성 ⓑ.

응용 레시피로 더욱 맛있게

staub recipe 78 고구마 푸딩

자극적이지 않은 단맛이 스며든 푸딩. 군고구마가 있다면 금방 만들 수 있습니다.

【재료 : 10cm 스타우브 2개 분량】

계란	············ 1개
우유	············ 100ml
황설탕	············ 20g
군고구마	············ 70g

1. 냄비에 우유를 넣고 중불로 가열해 50℃(김이 오를 정도)까지 데운다.
2. 볼에 계란과 설탕을 넣고 잘 저은 다음, 우유를 넣고 다시 젓는다. 군고구마를 넣고 덩
　어리가 없어질 때까지 핸드 블렌더로 갈아준다.
3. 차 망에 걸러서 냄비에 차분히 붓는다. 뚜껑을 덮어 오븐 팬 위에 놓고, 오븐 팬에 끓는
　물을 1cm가량 부은 뒤 140℃의 오븐에서 15~20분 정도 익힌다. 식힘망 위에서 식힌
　다음 냉장실에 넣어 차갑게 한다.
4. 고구마 설탕조림과 생크림을 올려 낸다.

* 고구마 설탕조림

1. 고구마(200g)를 5mm 크기로 깍둑썰기해서 물에 담가둔다. 냄비에
　황설탕(50g), 물(1큰술)을 넣고 중불로 가열한다. 설탕이 녹아서 기포
　가 생기면 물기를 뺀 고구마를 넣고 잘 저은 다음 뚜껑을 덮는다.
2. 뚜껑 틈새로 김이 오르면 약불에서 10분간 가열한다. 불을 끄고 뚜껑을 열어 한 차례
　저어준 뒤 국물이 없어질 때까지 바짝 조린다.

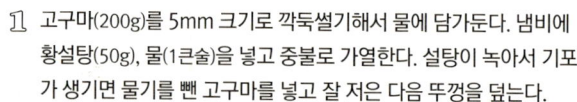

과일을 사용한 레시피

staub recipe 79
구운 바나나

간단한 재료로 만들 수 있는 디저트.
럼주를 뿌리고 아이스크림이나
생크림을 곁들여도 좋습니다.

【 재료 : 10cm 스타우브 1개 분량 】

바나나	1개
럼주(다크)	2작은술
황설탕	2작은술
버터	1작은술
아몬드다이스	조금

1. 바나나는 껍질을 벗겨 반으로 자른다.
2. 냄비에 버터와 설탕을 넣고 중불로 가열하다가 녹으면 바나나를 넣는다. 살짝 구운 자국이 나면 뒤집어서 럼주를 붓고 알코올기가 날아가면 뚜껑을 덮어 2분간 가열한다.
3. 위에 아몬드 다이스를 흩뿌린다.

staub recipe 80
구운 사과

구워지는 동안 향긋한 냄새가 나는 구운 사과는
리버 페이스트(p58)와 아주 잘 어울립니다.
아이스크림을 곁들여도 좋습니다.

【 재료 : 10cm 스타우브 2개 분량 】

사과	1개(작은 것)
시나몬파우더	조금
황설탕	1큰술
버터	2작은술
호두	20g

1. 사과는 깨끗이 씻어 반으로 잘라서 속을 제거한다. 작은 숟가락으로 둥글게 파도 좋다.
2. 냄비에 버터와 설탕을 넣고 중불로 가열한다. 갈색빛이 돌면 호두를 넣어 버터와 설탕물을 묻혀서 꺼내둔다.
3. 사과의 단면을 아래로 해서 2의 냄비에 넣고 굽는다. 뒤집어서 잘 구워졌으면 시나몬파우더를 뿌리고, 다시 단면을 아래로 한 뒤 호두를 얹어 뚜껑을 덮고 약불에서 10분 정도 가열한다. 사과를 뒤집는다.

☞ 냄비가 너무 작아서 가스레인지에 놓기 힘들 때는 석쇠 등에 올려 조리한다.
☞ 20cm 스타우브는 사과 1개를 한 번에 구울 수 있다.

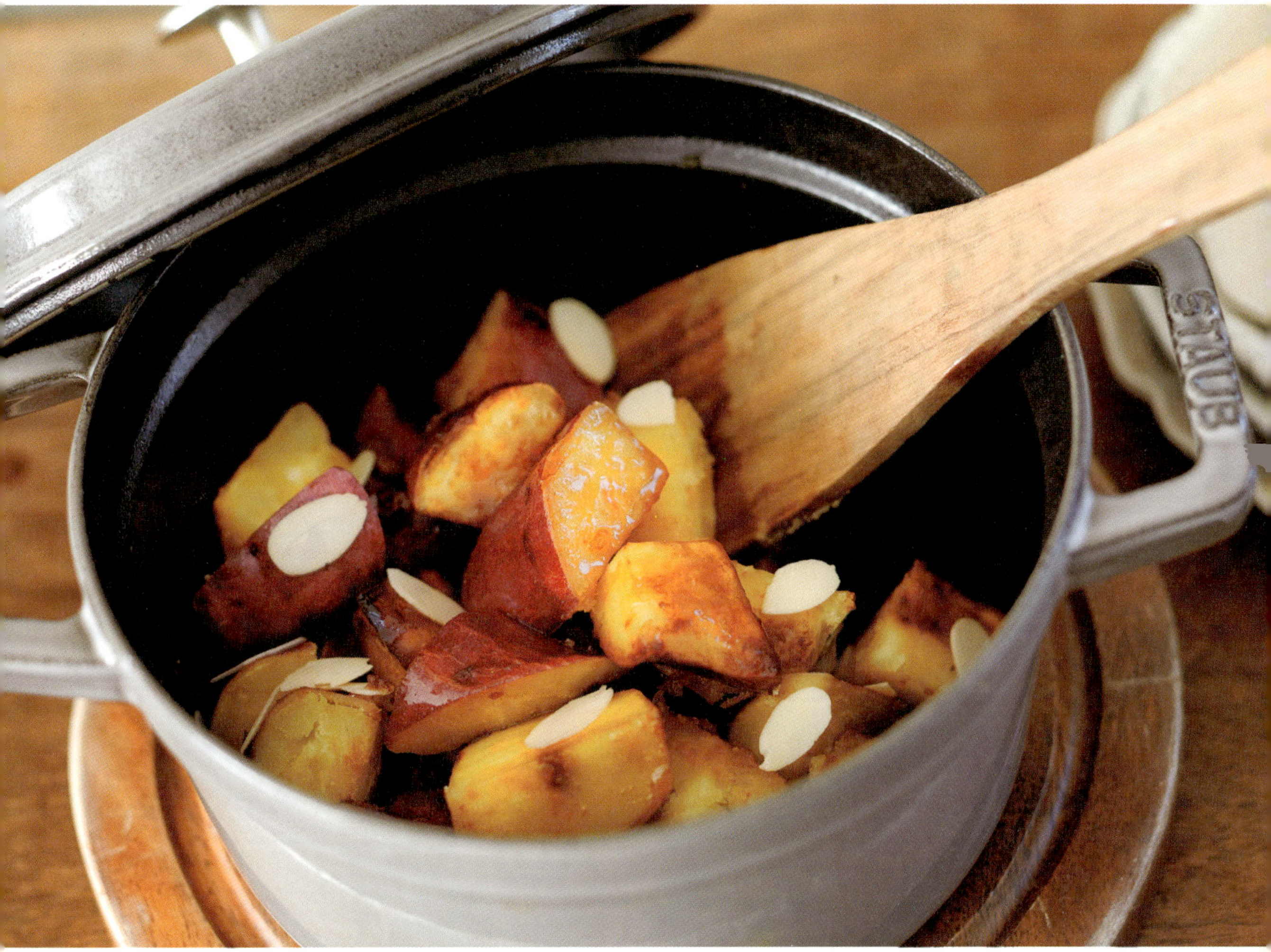

staub recipe 81 메이플 고구마 맛탕

튀기지 않고 만드는 맛탕 레시피. 간식이나 도시락 반찬으로도 안성맞춤.
메이플시럽 대신에 꿀이나 황설탕으로 만들어도 좋습니다.

【 재료 : 2~4인분 】

- 고구마 ················· 2개(약400g)
- 올리브유 ························ 2큰술
- 메이플시럽 ······················ 2큰술
- 아몬드슬라이스 ··················· 15g

1. 고구마는 마구썰기 해서 물에 담갔다가 물기를 빼둔다.
2. 냄비에 올리브유를 두르고 중불로 가열한 뒤 1을 넣고 기름이 골고루 묻도록 볶는다.
3. 메이플시럽을 넣고 뚜껑을 덮는다. 뚜껑 틈새로 김이 나면 아주 약한 불로 10분간 가열한다. 전체를 뒤섞은 후 뚜껑을 덮고 10분간 그대로 둔다(여열조리). 아몬드슬라이스를 흩뿌린다.

staub recipe 82 타르트 타탕풍의 사과 타르트

바삭바삭한 비스킷의 식감과 새콤달콤한 사과의 맛이 어우러져 최고의 맛을 냅니다.
비스킷을 만드는 방법은 매우 간단해서 정식 타르트 타탕보다 쉽게 만들 수 있습니다.

【 재료 : 10cm 스타우브 2개 분량 】

- 버터(유염·무염 모두 가능) ········ 10g
- 사과(홍옥) ···················· 1개 (작은 것)
- 황설탕 ······················· 20g
- 전립분 ······················· 50g
- 아몬드파우더 ·················· 50g
- 소금 ························ 2자밤
- 메이플시럽 ···················· 40g
- 유채기름 ······················ 30g
- 아이스크림 ···················· 적당량

☞ 홍옥 대신 다른 종류의 사과로도 가능.

1. 사과는 깨끗이 씻어 4등분해서 속을 제거한다. 그중에 2조각은 다시 반으로 자른다.

2. 냄비 하나에 준비한 버터의 절반을 바르고 설탕도 반을 넣는다. 중앙에 1/4조각 사과를 1개 넣고, 좌우에 1/8조각을 한 개씩 넣는다. 냄비를 중불에 올리고 익는 소리가 나면 불을 끈다. 오븐을 180℃로 예열한다.

3. 비스킷 반죽을 만든다. 볼에 전립분, 아몬드파우더, 소금을 넣고 가볍게 섞는다. 유채기름을 넣고 손으로 살짝 섞은 다음, 메이플시럽을 넣고 반죽이 될 때까지 치댄다.

4. 반죽을 2등분해서 둥글게 만들어 2의 위에 얹는다. 중불로 가열해 굽는 소리가 나면 불을 끈다. 오븐팬에 올려 오븐에서 35분 정도 굽는다.

5. 다 구워졌으면 부푼 반죽을 주걱 등으로 눌러준다. 여열이 식을 때까지 그대로 둔다.

6. 그릇에서 뺄 때는 직화로 1~2분 가열한 뒤, 꼬챙이로 타르트의 주위를 긁어가며 그릇에서 떼어낸다. 아이스크림을 곁들여서 먹는다.

staub recipe 83 가토 쇼콜라

섞어서 굽기만 하면 만들 수 있는 간단한 레시피.
따끈따끈하게 갓 구워내 아이스크림을 올려서 맛보세요.

【 재료 : 10cm 스타우브 2개 분량 】

제과용 비터 초콜릿	50g
(카카오 함량 55% 이상의 초콜릿)	
버터	30g
계란(상온에 둔 것)	1개
황설탕	20g
박력분	10g
슈거파우더	적당량

1. 초콜릿과 버터를 볼에 담아 중탕으로 녹인다 ⓐ.
2. 1에 계란과 설탕을 넣고 거품기로 잘 섞는다. 박력분을 체에 쳐서 넣고 고무 주걱으로 섞는다 ⓑ.
3. 냄비에 붓고 ⓒ 뚜껑을 덮는다. 180℃로 예열한 오븐에서 15분간 구운 후 식으면 슈거파우더를 뿌린다.

☞ 박력분 대신에 코코아파우더를 써도 좋다. 씁쓸한 맛이 나는 본연의 가토 쇼콜라가 된다.
☞ 14cm 냄비에서 20분 구워도 만들 수 있다.

SUTOUBU DE MUSUI CHOURI
© YUKA OHASHI 2017

Originally published in Japan in 2017 by Seibundo Shinkosha Publishing Co., Ltd., TOKYO.
Korean translation rights arranged with Seibundo Shinkosha Publishing Co., Ltd., TOKYO,
through TOHAN CORPORATION, TOKYO, and EntersKorea Co., Ltd. SEOUL.

이 책의 한국어판 저작권은 (주)엔터스코리아를 통해 저작권자와 독점 계약한 윌컴퍼니에 있습니다.
저작권법에 의하여 한국 내에서 보호를 받는 저작물이므로 무단전재와 무단복제를 금합니다.

조리 어시스턴트	片山愛沙子, 国本数雅子, 小島めぐみ, 佐野雅
촬영	鈴木信吾
스타일링	つがねゆきこ
아트 디렉션/디자인	藤田康平(Barber)
디자인	古川唯衣(Barber)
일러스트	林舞(ぱんとたまねぎ)
편집	古池日香留
도구 협력	STAUB(ストウブ)
	ツヴィリング J.A. ヘンケルス ジャパン
	0120-75-7155
	www.staub.jp
그릇 제공	小澤基晴 http://instagram.com/ozawa_motoharu
	長峰菜穂子 http://senrowaki.com/nao
	松塚裕子 http://matsunoco.wixsite.com/yukomatsuzuka
촬영 협조	UTUWA
	03-6447-0070

스타우브 無水調理 (무수조리)
재료의 감칠맛이 살아 있는 스타우브 레시피 83

펴낸날 | 2019년 1월 7일
지은이 | 오하시 유카
옮긴이 | 홍미화
펴낸곳 | 윌스타일
펴낸이 | 김화수
출판등록 | 제2019-000052호
전화 | 02-725-9597
팩스 | 02-725-0312
이메일 | willcompanybook@naver.com
ISBN | 979-11-85676-53-1   13590

*잘못된 책은 구입하신 곳에서 바꿔드립니다.

이 도서의 국립중앙도서관 출판예정도서목록(CIP)은 서지정보유통지원시스템 홈페이지
(http://seoji.nl.go.kr)와 국가자료공동목록시스템(http://www.nl.go.kr/kolisnet)에
서 이용하실 수 있습니다.(CIP제어번호: CIP2018041314)